清华社科文库

对弈未终
历史棱镜下的中国和美国

Game Not Over

China and the United States
through Prism of History

陈 琪 薛 静◎著

清华大学出版社
北京

内 容 简 介

本书通过梳理美国构建世界秩序和走向全球化的得失之辨，比较中美两国的现代化道路选择、国际关系历史经验、政治哲学和观念传统、主流意识形态的时代性及叙事权嬗变等几条脉络，回溯到历史长河中以体悟双方独特的经济、社会、政治和对外关系探索及成长轨迹，探求彼此思想文化冲突碰撞的观念差异，寻找相互理解的基点，从而为两国合宜的相处之道提供一些基本的思考线索。

图书在版编目（CIP）数据

对弈未终：历史棱镜下的中国和美国 / 陈琪，薛静著.— 北京：清华大学出版社，2023.5（2023.11重印）

（清华社科文库）

ISBN 978-7-302-62703-6

Ⅰ.①对…　Ⅱ.①陈…　②薛…　Ⅲ.①中美关系-研究　Ⅳ.①D822.371.2

中国国家版本馆CIP数据核字（2023）第046360号

责任编辑：商成果
封面设计：北京汉风唐韵文化发展有限公司
责任校对：王淑云
责任印制：杨　艳

出版发行：清华大学出版社
　　　　　网　　　址：http://www.tup.com.cn, http://www.wqbook.com
　　　　　地　　　址：北京清华大学学研大厦A座　　　　邮　　编：100084
　　　　　社 总 机：010-83470000　　　　邮　　购：010-62786544
　　　　　投稿与读者服务：010-62776969, c-service@tup.tsinghua.edu.cn
　　　　　质量反馈：010-62772015, zhiliang@tup.tsinghua.edu.cn
印 装 者：天津鑫丰华印务有限公司
经　　销：全国新华书店
开　　本：165mm×235mm　　印　张：11.5　　字　数：176千字
版　　次：2023年5月第1版　　印　次：2023年11月第3次印刷
定　　价：59.00元

产品编号：098433-01

丛书编委会

主　任：彭凯平　欧阳沁

委　员：王天夫　赵可金　李　颖

　　　　孟天广　戎　珂　刘　嘉

　　　　杨雪冬　汤　珂　唐晓阳

献给薛谋洪教授

前　言

作为当今具有全球性影响力的两个大国，中国和美国之间既有共识，更有分歧。共识主要来自对现实利益的考量和权衡，而分歧则扎根于更加深广的历史和文化维度之中。2016年以来，世界百年未有大变局加速演进，两国国内政治持续调整，中美之间的负向互动导致分歧逐渐压倒共识，表现出愈加明显的疏离竞争态势。

由于彼此之间存在深刻的文化隔阂，双方的沟通往往展现出一种各说各话的尴尬情景。误解催生猜疑，猜疑加剧误解，进入螺旋向下的周期。如果希望寻找到相互理解的基点，就只有回溯到历史长河中追寻双方不同的发展轨迹，考察彼此思想文化的深刻差异。若非如此，分歧无法弥合，互信难以建立，这对于中美两国乃至全世界的安全和发展前景而言，并非福音。

试图揭示如此深远的文化变迁图谱，无疑是极具挑战性的任务。作者自忖力所不逮，只是希望能隐约挖掘出几条脉络，敷以粗浅的诠释，为读者进行更加深入的思考提供些许线索。

本书所探讨的主题在清华大学每年秋季开设的《美国政治研讨》课上得到了中外研究生们的两轮检视和启发。在与这些聪明而富有求真精神的学生的知识切磋中，我们获得的思想灵感良多。毫不夸张地说，没有他们的热情参与、相互辩驳和智慧贡献，这本小书将无由产生或至少明显逊色。特别感谢夏方波博士，他总能系统地总结并反馈研讨课上有时显得混乱的争论，并为本书的文献索引提供了慷慨的帮助。责任编辑商成果女士帮助订正了诸多疏漏和错谬之处，显示了难得一见的专业性和学术严谨性。

本书最终得以付梓，应归功于清华大学社会科学学院与清华大学出版社的合力支持。此外，还要感谢国家社科基金重大项目"经济全球化波动的政治效应及中国的战略应对"（项目编号 17ZDA169）和清华大学薛谋洪国际问题研究基金对我们研究工作的支持。

南北朝诗人庾信曾感喟，"落其实者思其树，饮其流者怀其源"。严格说来，21 世纪清华国际关系学科的正式建制发轫于薛谋洪教授 1997 年创立的清华大学国际问题研究所。经过二十五年的接续努力，清华国际问题的教学和研究队伍从无到有，从小到大，筚路蓝缕，沐雨栉风。如今的清华国际关系学科规模日增，学问愈精，国内外学术和政策影响也日益扩大。作为整个发展过程的亲历者，作者顾往思今，感慨实多。薛先生虽于数年前仙去，但这一份创始之功，山高水长，我们谨以此本小书作为对他的纪念。

作者

2023 年 2 月 17 日于清华园胜因院 27 号

目　录

挟泰山超北海

——美国全球化战略的得失之辨

纵观人类历史，战争绵延不断。中外典籍和野史记载当中不乏压迫与反抗、掠夺与自卫、杀戮与复仇。事后来看，战争造成的惨烈后果实际上是绝大多数参与者难以承受的，因此与战争相伴而生的是众生对持久和平的渴望。为了遏制野心和贪欲，人类群体需要共同制定一套严密有效的规则来避免不必要的对抗，以实现和平并管控冲突的后果，这套以规则和规范为基础的社会运行稳定态势就是"秩序"。

顾名思义，一个社会有"秩序"是说这个社会处于一种有条有理、各个部分之间相互协调、整体运转良好的状态中，并且这个社会的成员对该种状态的持续运行抱有稳定的预期。在各种各样的秩序中，国际秩序对于整个人类社会的发展而言是最为关键的。如果能实现国家之间的和平共处和相互协作，毫无疑问是全体人类的巨大福祉。然而，要建立这样和谐或合作性的国际秩序殊非易事[1]。一种秩序如果能够被建立并且维持下去，需要满足一些基本条件。这些条件看起来很简单，真正要实现和满足却困难重重。

---

[1] 关于国际秩序的稳定性、可预期性和合作性的论述，见周方银：《国际秩序的稳定性与变迁》，《世界政治研究》，2021 年第 4 期。

世界需要秩序

　　为了说明秩序所必备的基本要素，我们不妨回顾一下公元前 8 世纪春秋时期邦国政治集团间的互动关系，从中一窥端倪[1]。春秋时期邦国政治集团之间的互动明显体现出无政府状态下"国家间政治的特性"，在某些方面与近代民族国家之间的冲突模式具有一定的类似性[2]。

　　当时中国正处于周王朝的后半阶段，也就是东周前半叶，周王室的权威已经丧失，各个诸侯国不仅内乱丛生，而且相互争斗不休，社会处于异常的动荡和政治混乱之中，周朝建立的"封建制度"名存实亡。正是为了平息社会乱局，维持封建秩序，一个新的"国际秩序"应运而生，并且维持了近两百年，历史上称为"春秋霸政"[3]。

---

① 这并不是说古代中国邦国间的政治关系和现代国际关系是完全一样的。我们认为，承认邦国共属于"古代中国"在政治上无疑是正确的。关于"古代中国"的概念可参见谭其骧：《历史上的中国和中国历代疆域》，《中国边疆史地研究》，1991 年第 1 期；顾颉刚：《古史中地域的扩张》，载唐晓峰、黄义军：《历史地理学读本》，北京：北京大学出版社，2006年；孙玉荣：《古代中国国际法研究》，北京：中国政法大学出版社，1999 年。

② 陈琪、黄宇兴：《国家间干涉理论：春秋时期的实践及对当代中国的启示》，北京：社会科学文献出版社，2012 年。

③ 关于古代中国邦国间的政治关系与现代国际关系的异同辨析，可参见赵汀阳：《天下体系：世界制度哲学导论》，南京：江苏教育出版社，2005 年；赵汀阳：《天下体系的一个简要表述》，《世界经济与政治》，2008 年第 10 期，第 57-65 页；许田波：《战争、国家形成与公民权：春秋战国与近代早期欧洲比较》，《世界经济与政治》，2008 年第 9 期，第 6-20 页；渡边信一郎：《中国古代的王权与天下秩序》，徐冲译，北京：中华书局，2008 年；陈琪、黄宇兴：《国家间干涉理论：春秋时期的实践及对当代中国的启示》，北京：社会科学文献出版社，2012 年；孙玉荣：《古代中国国际法研究》，北京：中国政法大学出版社，1999 年。

　　我们先来大致了解一下"春秋霸政"产生的社会背景。大约公元前 11 世纪中叶，"武王伐纣"之后第一次分封诸侯，也是规模较小的一次。当时的周族人并没有太大的雄心壮志，分封的诸侯聚集在本族发源地的周围，而对于东方原商王朝的广阔土地则感到心有余而力不足。因此，第一次分封的各诸侯国土地面积狭小，而且距离周王室的直辖地都比较近。为了防止商族人 ① 作乱，周武王特意把自己的三个兄弟分封在商族人领地的周围加以严密监视，也就是"三监"。然而事与愿违，周武王在灭商仅仅三年之后驾崩而去，由于即位者周成王尚年幼，武王的四弟周公旦辅佐成王处理国事。这一行动引发了大规模的叛乱，原本负责监视纣王之子武庚的周武王那三位兄弟与商族共同发动了叛乱，史称"三监之乱"②。周公旦亲自率军平定叛乱之后，遂进行了更大规模的第二次分封。经过这次叛乱的伤痛，周人体会到如果不能有效地控制东方广大的地区就无法保证王朝的稳定，于是新一次分封后周人的势力向东大为扩张，甚至超越了原来殷商的势力范围，直达东海之滨，同时在其他三个方向也有了明显拓展。此次分封可以被认为是周王朝大范围地推行"封建制度"，是周人集体发动的一次大规模的"武装垦殖"运动。但值得注意的是，新分封的诸侯从周天子那里获得的不过是一个名义，实际上还得依靠自己宗族的力量与当地原住民不断争斗来开疆拓土，造成的结果就是不少重要的诸侯国与周王室直辖地区不仅相距较远，而且疆土广大，实力雄厚且独立性很强。随着时间流逝，王室和诸侯之间的血缘关系越来越疏远，周王室对各诸侯国的控制也越来越松弛，埋下了社会动乱的种子。虽然这些诸侯国并非现代意义上的民族主权国家，但是相互之间的关系层面已经表现得与当今无政府状态下的国家间互动模式十分相似了。

　　公元前 771 年，周幽王因废嫡立庶（废黜王后申后和太子姬宜臼，而立宠妃褒姒为王后，立褒姒所生之子姬伯服为太子），被申后之父申侯勾结外敌犬戎

---

① 商族人是中国古老部落，今天我们所说的经商的"商人"一词来源便是商朝。当时商族人重视贸易，善于做生意，而后来的周朝人重视农业，后世"商人"就专指那些从事贸易的人了。

② 清华简《皇门》为研究三监之乱与周公治国谋略的关系提供了新的史料支撑。新近研究参见刘光胜：《三监之乱与周公治国谋略的展开——以清华简〈皇门〉为中心的考察》，《古代文明》，2020 年第 3 期，第 63-70 页。

杀死在镐京①，诸侯共同拥立姬宜臼继位，是为周平王。公元前 770 年，周平工东迁洛邑②，西周灭亡而进入东周时代。从此，天子威望扫地而天下乱局频生，主要表现在列国内乱、诸侯兼并和外敌入侵三个方面。

先说列国内乱。鲁国是周公旦之子伯禽的封国，历来地位尊崇，但在公元前 711 年鲁隐公被其弟公子轨（后为鲁恒公）杀死。此后臣弑君、子弑父的事层出不穷地在各国纷纷上演。晋国原是周成王幼弟唐叔封地，从公元前 705 年开始，前后三任晋国国君都被晋国曲沃（今山西闻喜）武公杀死。郑国国君郑武公和郑庄公父子一直是周王室的卿士，地位很高。郑庄公就是《左传》名篇"郑伯克段于鄢"里的"郑伯"，一生雄才大略。但庄公一死，郑国就爆发了内乱。在短短一年之内，郑国大夫祭仲先是驱逐郑昭公迎立郑厉公，旋即又驱逐厉公而迎回昭公，但很快昭公又被另一大夫所杀。在其他诸侯国如陈国、宋国、卫国等，类似事件也接连不断。连后来称霸一时的齐桓公也是因为齐国大夫公孙无知杀死桓公兄长齐襄公而自立，次年又被他人杀死导致国内无主，齐桓公才得到机会继位③。

再说诸侯兼并。这些诸侯国的内乱背后，往往隐藏着诸侯兼并战争的深刻背景。如果按照《左传》的记载进行统计，春秋时期本应大约有一百七十余个大小不一的诸侯国，而在《史记》中到战国时有记载的诸侯国只有区区十几个了。其中楚国兼并了四十多个诸侯国，晋国兼并了大约二十个诸侯国，齐国、鲁国各自兼并了约十个诸侯国，宋国则兼并了五到六个诸侯国。

最后，诸夏④混乱更是引起了外敌肆虐。当时的中国并非仅是诸夏在内而四周环绕其他戎狄蛮夷，在地理上实际上处于一种华夷杂处的局面。诸侯国代表农耕文化进行武装垦殖，筑城自守，周围散布着游牧民族。看到诸侯国内部秩序松懈，游牧民族便伺机大肆侵扰。其中狄族最为强盛，不仅灭了滑国，还进攻齐、鲁、郑、晋各国，甚至曾进攻周王室。这种局面持续了相当长的时间，

---

① 镐京，别称宗周，与丰京合称丰镐。考古发现指出，镐京的遗址大约位于今西安市长安区斗门街道以北，沣河东岸。周武王灭商后，定都镐京。

② 洛邑，别称成周，中国古地名，在今洛阳市。

③ 杨伯峻：《春秋左传注》，北京：中华书局，2009 年。

④ 诸夏，指周代分封的中原各个诸侯国，泛指中原地区。

给中原诸国造成了极大的直接威胁和隐患。难怪孔子不由得对此慨叹道："微管仲，吾其披发左衽矣！"[①] 意思是如果不是管仲辅佐齐桓公建立了"霸政"秩序，恐怕华夏民族早就灭亡了。狄族固然厉害，但当时中原诸国面临的最大挑战实际上来自南方的楚国。楚与周的文化和制度明显不同，楚不采用封建而实行郡县制度[②]。因此，楚在当时被中原诸国认为是蛮夷之国。在周平王时期，楚武王吞并了汉水附近的姬姓国家，实力大涨。到了楚成王时期，楚国成为当时最强大的国家，并且对北方一直存有觊觎之心[③]。

了解了这些政治矛盾之后我们不难看出，中原诸国当时正面临着生死存亡的考验，因此共同呼唤建立一种秩序以有效化解社会的危局，"霸政"就是在这样的背景之下产生的。首先称霸的是齐桓公，齐国从公元前 679 年开始先后九次联合其他诸侯国，共同采取措施应对危机，即著名的"尊王攘夷"[④]。这种宣称在 2500 多年之后又被日本的大名借用而高高举起，成为公开反对幕府的政治口号[⑤]。从齐桓公与其他诸侯的盟约当中，我们可以清晰地理解建立一个"国际秩序"的基本要求。

尊崇周天子是为了给这个秩序加持大义名分，强化各国之间的团结，强调诸夏之间的文化血缘纽带，提高相互之间的认同感，这可被理解为一种道义上的共同约束。在盟约的具体措施当中，秩序的内涵主要包含三个方面：第一是禁止各国内部篡弑，一旦发生篡弑行为，其他国家都不能对此予以承认，应在盟主带领下进行平乱另立新君，从而从外部保证各参与国的国内政治稳定及政治正统；第二是裁制各国的兼并行为，要求参与盟约的国家之间要保证互不侵犯，如果发生争端则交由盟主调解，从而维护各成员国之间的和谐共处；第三是禁止各个国家之间限制相互的粮食流通以及阻断水流，即在军事冲突之外不仅禁止发动经济战争，还要尽量在经济上相互帮助。在对外方面，最核心的要求是团

---

① 《论语·宪问》，北京：中华书局，2006 年。
② 战国后期，各国对于新占领的土地已普遍采用郡县制，直到秦始皇统一六国之后，更是在全国范围内普遍推广。
③ 司马迁：《史记·楚世家》，北京：中华书局，2006 年。
④ 孔子、公羊寿：《春秋公羊传·僖公四年》，北京：中华书局，2016 年。
⑤ 有关"尊王攘夷"与日本"明治维新"的关系，参见瞿亮、刘豫杰：《攘夷思想与明治维新前后日本的国家意识》，《世界历史》，2019 年第 4 期，第 121-135 页。

结抵抗外敌。不难看出，"霸政"秩序所提出的几条政治原则针对的正是当时存在的重大社会问题和挑战，可以概括为几个核心目标：利用集体的力量保证各成员国的国内政治稳定；建立沟通协调机制，避免成员之间发生冲突；加强成员互联互通，促进经济活动交流；对外则一致行动，保证集体安全；如果有成员违反上述原则，将受到惩罚。

如果仅此而已，也不过是区区一个"同盟"而并不能称为"秩序"。"同盟"在历史上比比皆是，而"秩序"则凤毛麟角，二者之间的差异非常明显[1]。"同盟"往往是针对一个短期目标而实现的暂时性联合，而"秩序"则需要建立在成员国广泛的共识之下，具有一套完整的组织形式和机制设置，并能够长期稳定地再现各行为体的行为模式。齐桓公开创的"霸政"在中原诸国当中获得了广泛的认同，而正因为这一认同具有稳定性，秩序才能在之后的近两百年间一直延续着，哪怕主导者已经发生了变化。齐国之后，晋国和楚国相继成为后续的霸主，虽然外部威胁的主要来源可能会发生变化，但是"霸政"的基本政治规则仍然保持不变，不仅能在共同目标之下继续把成员国有效地团结起来，甚至还将原本的外部威胁者——楚国也最终纳入这个秩序当中[2]。楚国由这一秩序的外部威胁转变成这一秩序的一时主导者，不得不说是该秩序的巨大成功。公元前4世纪，晋国的韩、赵、魏三家大夫瓜分了晋国，也就是历史上有名的"三家分晋"。由于当时已经缺乏有力的主导者，对于这种破坏秩序的行为无法进行有效的处理，这三个大夫后来均获得了周天子的认可，成为新的诸侯。于是，"霸政"秩序的基本原则遭到严重破坏，没有力量可以修复，秩序随即解体，社会也进入了更加动荡的战国时代。人类历史上第一个"国际秩序"就此瓦解。

"春秋霸政"的兴亡给予我们相当深刻的启示。一种秩序的建立往往需要强大的主导者，主导者需要提出一套具有感召力的理念并能形成广泛共识，吸纳其他国家一同参与秩序的建立，并且主导者要能保障秩序的各项原则得以顺利

---

① 有关国际政治中的同盟，参见于铁军：《国际政治中的同盟理论：进展与争论》，《欧洲》，1999 年第 5 期，第 14-25 页。本书的"秩序"专指国际秩序，参见阎学通：《无序体系中的国际秩序》，《国际政治科学》，2016 年第 1 期，第 1-32 页。当然，一些新近研究注意到了"同盟"与"秩序"的关系，见刘丰：《联盟与国际秩序》，《当代美国评论》，2019 年第 3 期，第 3-19 页。

② 晁福林：《霸权迭兴：春秋霸主论》，北京：生活·读书·新知三联书店，1992 年。

推行，成员一旦违反秩序规则，主导者要进行适当的处理以维护秩序原则的权威性。更为重要的是，如果秩序遭受到了外部的威胁，主导者需要带领成员一起共同应对。毫无疑问，主导者会从此秩序当中获得最丰厚的利益，但是同时也必然承担最广泛的义务和代价，正所谓"欲戴其冠，必承其重"。如果利益与义务不相匹配，成员则离心离德，秩序必然解体。

仍然以"春秋霸政"为例。齐桓公当初为了树立威望以推动霸政，做了很大的努力，也牺牲了不少齐国短期的利益，承担了更多的义务。为了联合其他国家，齐国不仅主动归还了之前占领的鲁国、卫国和燕国的国土，还积极担负起援助盟国的责任。公元前 663 年，齐桓公亲自率军援救燕国抵抗山戎；公元前 661 年，出兵援助邢国抗拒狄族；公元前 658 年，齐国援救卫国，并且帮助卫国建筑城堡[①]。中原各国在齐国的带领下，合力抵抗住了来自楚国的威胁，维护了封建制度的存在。

维持一个秩序的努力不仅表现在军事上共同御敌，经济上也要互相帮助。春秋时期天灾频仍，齐国作为盟主主动对成员国施以援助。《国语》中记载，公元前 666 年鲁国发生饥荒，鲁庄公派人带着国宝玉器作为礼物向齐国求助[②]。齐桓公听说了鲁国的困境，不仅立即进行援助而且拒绝了鲁国的礼物。类似情形还发生过多次。在齐国的示范作用之下，各个成员国之间也多次自主展开相互援助。公元前 647 年晋国与秦国关系恶化，而当时晋国遭遇饥荒只好向秦国求助。秦穆公不但拒绝了大夫丕豹提出的趁机进攻晋国的建议，而且答应借粮。秦国派船运载大量粮食由当时的秦都雍城（今陕西凤翔）先沿渭水运输，然后改为车运，横渡黄河之后再沿山西汾河漕运北上，直达晋国都城绛城（今山西襄汾）。百千粮船白帆高悬，络绎不绝，从秦都到晋都八百里几乎是首尾相连，史称"泛舟之役"[③]。这是何等壮观的场景，又体现出怎样的一种义利信仰。对照历史审视今朝，2020 年全球新冠疫情肆虐之下，美国作为世界第一强国，不仅不联合世界各国共同抗击病毒，反而置国内民众生死安危于不顾，并且四处煽动仇恨，忙于甩锅、推卸责任。同样，欧盟各国家之间不仅没能践行欧洲一体化的理念

---

① 司马迁：《史记·齐太公世家》，北京：中华书局，2006 年。
② 左丘明：《国语·鲁语》，韦昭注，上海：上海古籍出版社，2015 年。
③ 左丘明：《左传·僖公十三年》，杜预注，上海：上海古籍出版社，2016 年。

实现守望相助，反而截留医疗物资，实施各类限制措施，自行其是而各自为政。2022年2月24日俄乌冲突开启，欧洲再一次陷入了战火的蹂躏和痛苦之中。抚今追昔，怎能不令人喟叹。

在维护秩序原则的权威方面，齐国作为盟主也当仁不让，并在执行规则上颇为一丝不苟。公元前659年，齐桓公的妹妹哀姜与鲁国公子庆父合谋杀死鲁闵公，企图拥立庆父为君，破坏了禁止篡弑的约定，桓公为此召回妹妹哀姜并毅然将其处死①。试想一下，秩序的主导者如果不能以身作则，随意践踏原则，而又一味地要求其他成员遵守规则，这必然损害主导者的威信，导致秩序的崩溃。经过了二十多年的努力，齐桓公才在诸侯中积累了足够的威望，终于在公元前651年于葵丘（今河南民权）大会诸侯，并获得了周襄王的认可，成为名正言顺的"霸主"，秩序才真正建立②。由此可见，建立一个"国际秩序"有多么艰难！

人类社会绵延数千年，至今从未出现过一个真正意义上的全球性的统一秩序。以往或许是受到地理环境的限制，高山大海相互阻隔，人货交通往来不便。而在21世纪的今天，全球秩序难以形成的原因则更大程度上是来自思想和观念上的分歧。如同之前所说，全球秩序的建立首先需要塑造一个能被世界上绝大多数国家认可的共同目标，并能切实地付诸实施。即使能够找到一个共同目标，但在实现这一目标的具体道路选择上，各个国家之间往往存在着极其深刻甚至是难以调和的分歧。天下如此之大，民族林立而思想多元，各种矛盾纵横交错，想要在此条件下形成一个统一的全球秩序，难度之大可想而知。

然而在30年前，遥远的天际似乎曾经出现过一丝希望。作为世界第一强国的美国经过了与苏联近半个世纪的对峙之后最终获胜。美国挟着无与伦比的经济、军事和科技力量，身后还有众多的盟友追随，一面自称占据了道德高地，不遗余力推广"自由、民主、繁荣、进步"，一面挥舞着硬实力的狼牙棒尽情地扫除残余"障碍"。美国信心十足地准备真真切切地打造一个美国主导下的全球性国际秩序，当时有很多国家对此寄予了很高的期望，认为人类社会的新纪元也许近在眼前，其中不乏诸多身陷困境的第三世界国家。时过境迁，站在今天

---

① 司马迁：《史记·鲁周公世家》，北京：中华书局，2006年。
② 司马迁：《史记·齐太公世家》，北京：中华书局，2006年。齐桓公"葵丘会盟"盟辞的"五禁"条款，参见《孟子·告子下》，百丽华、蓝旭译注，北京：中华书局，2006年。

回望来路，美国企图打造的全球秩序现在不但步履蹒跚，而且实际上已是难以为继了。作为主导者的美国似乎打算抽身而走，受困于一种全球雄心与孤立主义相混杂的矛盾状态，而缺少了协同一致和团结协作，世界无法继续有效应对共同面临的具有严重挑战的治理议题。新的秩序不仅没能够顺利建成，人类社会整体上反而滑向充满更多困惑和无奈的晦暗前景。

美国全球秩序之路

美国开启全球秩序之路始于冷战终结之后，彼时的美国在各个方面都拥有明显的优势。经济上压倒性的强大毋庸置疑，更为关键的是在政治上赢得的巨大声望。冷战被认为是一场两极世界的终极对决，这为获胜的一方提供了无以复加的精神战利品。美国的模式因此被奉上神坛，思想界甚至发出了历史终结于此的呼喊，认为美国的社会制度代表着人类的终极形态。当然，这种观点现在看来似乎有些天真，连《历史的终结及最后之人》（*The End of History and the Last Man*）的作者弗朗西斯·福山也不得不勉为其难地声称，"历史的终结被推迟了，人类实际上走错了方向"①。然而，美国模式将引导人类走向共同繁荣的观点在当时的确为很多人所接受。可以理解的是，没有多少人能够在震天的欢呼声中保持冷静，去深入思考西方取得冷战胜利的真正原因，也没有人愿意在那时煞风景地严肃提醒，眼下的胜利未必能确保未来的成功。一切被潮水一般的乐观情绪所淹没，激情压制了理性，肢体代替了头脑。在一片狂热之中，冷战后的世界一头撞进了美国时代。

几乎没有人能够否认，世界在过去的 30 多年一直处于美国独霸的格局当中，1992 年到 2001 年更是西方国家分享胜利盛宴的十年。苏联残存的势力和影响迅速衰退，使得美国模式借着全球化毫无阻力地在全世界铺展开来。当时最流行的观点是，苏联的失败正是以美国为首的西方国家筹划深远和执行有效的具体结果。其实，苏联的突然解体可能根本出乎西方世界的预料，导致西方国

---

① 见瑞士《新苏黎世报》2017 年 3 月 18 日刊登的对弗朗西斯·福山的专访。

家都有些手足无措。比如面对两德合并，西欧的首脑们内心实际上充满了疑虑，英法两国甚至极力阻止。1989 年，法国总统弗朗索瓦·密特朗访问民主德国时，就曾表示对其主权的支持并希望与苏联合作阻止两德统一。同样，对于苏联的突然解体，美国的态度也颇值得玩味。1991 年 8 月，老布什总统访问乌克兰的时候，敦促乌克兰留在苏联内部，对戈尔巴乔夫的地位表示公开支持①。换言之，当时西方实际上可能并没有一个明确的通盘计划来促使苏联迅速解体。根据 20 世纪 80 年代的内部档案分析，美国当时仍然坚定地认为苏联的稳固短期内不可动摇。

那么，又是什么原因导致了苏联的突然解体呢？尽管众说纷纭，但不可否认其中的一个重要因素是，当时的苏联最高领导者戈尔巴乔夫推行的改革导致了苏共中央失去权威，而各个下属的地区在失去中央统一管理的情况下，不得不尽快采取措施保护自己，从而造成国家分裂。苏联的解体速度之快令人惊讶不已，1990 年先是俄罗斯最高苏维埃主席叶利钦宣布退出共产党，并公开支持波罗的海三国（爱沙尼亚、拉脱维亚、立陶宛）独立。之后，1991 年 12 月 8 日，俄罗斯、乌克兰和白俄罗斯首脑撇开苏联中央政府会聚明斯克，谴责 1922 年联盟条约，宣布苏联解散，取而代之的是独立国家联合体（独联体）。同年 12 月 25 日，戈尔巴乔夫发表声明辞去苏联总统职务。1991 年 12 月 26 日，苏维埃社会主义共和国联盟历经七十个春秋之后正式解体，在一片惊诧和慌乱当中转身离去，隐入历史舞台的角落和尘埃中②。

令人十分诧异的是，如此庞大帝国的坍塌居然几乎没有洒落任何鲜血，也没有遭受来自外部的巨大压力，迅速地从内部一片一片被剥落分离而最终无声无息地倒下。事实上，很大程度上而言苏联是自己倒下的，而并非完全是被西方有预谋地推倒的。因此，公允而论，苏联的失败并不能证明美国的成功。苏联解体之后，原各加盟共和国的大权仍然掌握在苏联时期的高官手中，其运行的制度除了名称变更之外，实质上并没有多少改变。比如，乌克兰首任总统克拉夫丘克是原乌克兰最高苏维埃主席和苏维埃联邦委员会成员；格鲁吉亚首任民选总统谢瓦尔德纳泽是原格鲁吉亚共产党第一书记和苏联外交部部长；哈萨克斯

---

① 详见托尼·朱特：《战后欧洲史》卷四，林骧华等译，北京：中信出版社，2014 年，第 1 章。
② 小杰克·F.马特洛克作为美国驻苏大使，目击了苏联解体的历史过程。参见小杰克·F.马特洛克：《苏联解体亲历记》，吴乃华等译，北京：世界知识出版社，1996 年。

坦、吉尔吉斯斯坦、阿塞拜疆等国家也莫不如是。苏联作为联盟消失了，但是它的很多制度并没有随之立刻废止。

另外一个导致苏联解体的重要原因是民族问题。戈尔巴乔夫希望通过改革提振国家的力量，但是他采取的措施短期内过分地削弱了中央政权的力量，导致无法抑制各个地区原本积蓄已久而伺机待发的民族主义分离倾向。在经济和政治改革取得成效之前，大厦就被内部的民族主义偷梁换柱而轰然倒塌了。不仅如此，苏联民族主义的余波在联盟解体之后还继续向外扩散，不断分家的剧本在捷克斯洛伐克和南斯拉夫又接连上演。

让我们稍微观察一下苏联所面对的复杂的民族问题，这样能更加清晰地认识到其解体的真正内在张力和矛盾。苏联继承了沙皇俄国拥有的横跨十一个时区的广袤国土以及错综复杂的民族关系。截至 1990 年，苏联境内有 100 多个少数民族，其中只有 31 个居住在民族自治区中。由于民族众多而且行政区域的划分与民族居民分布存在较大偏差，各个民族之间的政治待遇也很难做到平等[①]。

波罗的海三国是最早提出退出苏联的共和国，也是分离主义情绪最激烈的地区。爱沙尼亚、拉脱维亚是沙皇彼得大帝在第二次北方战争（1700—1721 年）中战胜瑞典王国之后并入沙俄版图的。立陶宛在维陶塔斯大公（约 1350—1430年）执政期间曾是欧洲面积最大的国家，1795 年后则逐步被沙俄吞并。1918 年，苏维埃俄国与德意志帝国签订《布列斯特条约》，将波罗的海沿岸地区和乌克兰地区割让给德国以换取与德国停战。不久，德国"一战"战败而遭到肢解，爱沙尼亚、拉脱维亚和立陶宛推翻原来的苏维埃政权各自独立，成为"波罗的海三国"。世事变幻无常，仅仅二十年之后苏联和德国又再次崛起成为世界性的强国。1939 年苏联和德意志第三帝国签订了《莫洛托夫—里宾特洛甫条约》，1940年波罗的海三国又再次被苏联收入麾下，这三个国家短暂的独立就此结束。在苏联的加盟共和国当中，波罗的海三国从地理和观念上是与西方国家最为接近的，当地人多信奉天主教或者路德宗，只有少部分人是东正教徒。"二战"结束初期，这几个国家都主要使用当地语言而不是俄语，即使经过了后来的人口强

[①] 有关苏联的民族关系与国家变局，参见罗伯特·康奎斯特：《最后的帝国：民族问题与苏联的前途》，刘婧兆等译，上海：华东师范大学出版社，1993 年。

制迁移，大规模的俄罗斯人涌入，但是到苏联解体之前，本地人之间仍然坚持使用自己的语言。由于这三个加盟共和国曾经有过独立建国的经历，而且与西方的邻国在思想观念上又存在天然的亲近感，再叠加上对苏联民族政策的不满，其民族主义分离倾向日益加剧。1989 年 8 月 23 日，在《莫洛托夫—里宾特洛甫条约》签订五十周年之际，三个加盟共和国的民众手拉手连成全长 650 公里的链条，从立陶宛首都维尔纽斯一直延续到爱沙尼亚的首都塔林，表达反对外国奴役的民族意愿，随后就公开宣布追求国家独立[①]。

　　如果说波罗的海三国不过是苏联的外围，那么乌克兰则是苏联的核心国家，并曾经是代表苏联核心国家的独联体国家中的一员。乌克兰因为民族问题而从联盟中分离成为另外一个典型。乌克兰是基辅罗斯公国的发源地，在历史上曾被波兰—立陶宛联邦统治，在 17 世纪因为反对波兰的天主教压迫而与俄罗斯结盟。经过彼得大帝和叶卡捷琳娜二世时期，逐渐成为沙俄的一部分。苏联成立之后，乌克兰作为加盟共和国加入了苏联。乌克兰是苏联最为富饶的地区，不仅人口稠密、矿藏丰富，而且农业发达，粮食产量在全苏联占比超过 40%。然而可悲的是，正因为是苏联的粮仓，在 20 世纪 30 年代苏联因为集体农庄运动而造成粮食大规模减产的时候，为了满足全苏联的粮食供应，乌克兰遭受严重饥荒，人口大量减少，乌克兰为此付出了惨痛的代价，这也直接导致后来第二次世界大战期间纳粹德国进攻苏联时，乌克兰一些民众对德国采取了暧昧的态度[②]。到了 1986 年切尔诺贝利核电站发生泄漏事件，苏联政府的处理又不十分妥当，更加激起了民族矛盾。在这一系列政治问题之外，宗教矛盾也同样存在。第聂伯河左岸的东乌克兰民众主要信仰东正教，而西乌克兰更多人信仰天主教，这种宗教冲突在 2014 年克里米亚危机之后东西乌克兰对于俄罗斯完全不同的态度当中表露无遗。在各种矛盾交织之下，1991 年 8 月 24 日乌克兰宣布独立，原乌克兰最高苏维埃主席和苏维埃联邦委员会委员克拉夫丘克成为首任总统。今天的乌克兰由于实力大损，越发担心俄罗斯的压力而竭力向西方靠拢，可惜落

---

① 对于苏联解体的历史，参见沙希利·浦洛基：《大国的崩溃：苏联解体的台前幕后》，宋虹译，成都：四川人民出版社，2017 年。

② 蒂莫西·斯奈德：《民族的重建：波兰、乌克兰、立陶宛、白俄罗斯（1569—1999）》，潘梦琦译，南京：南京大学出版社，2020 年，第二部分"危机四伏的乌克兰边境"。

花有意流水无情，无论是欧盟还是北约都只是把乌克兰当成牵制俄罗斯大国雄心的棋子罢了。

苏联解体之后，美国领导的西方开始高歌猛进，全球秩序初露端倪。美国不仅仅在经济上开始推行全球化，更是在政治上和军事上企图消灭苏联的一切遗产，为建立美国主导的全球秩序扫除"障碍"。首先是北约东扩。1997 年 7 月，马德里首脑会议决定首批接纳波兰、捷克和匈牙利加入北约。1999 年 3 月 12 日，北大西洋公约组织正式接纳波兰、匈牙利和捷克三国为其新成员。2004 年 3 月，又有包括波罗的海三国在内的 7 个国家加入北约。2009 年 4 月，克罗地亚和阿尔巴尼亚也加入了北约[1]。不仅如此，作为苏联核心的独联体国家乌克兰一直谋求加入北约，而处于苏联"下腹部"的格鲁吉亚也有可能借俄乌冲突之际加入北约。对于俄罗斯而言，对手已经真真切切地兵临城下了[2]。

为了加入美国主导的国际秩序，脱离苏联庇护的原苏东社会主义国家纷纷进行了剧烈的社会变革。经济上向自由市场经济转型，政治上则实行多党制和效仿西方的大众政治。表面上看，这些国家能够被接纳进入渴望已久的西方体系而获得发展的机遇，但事实上最后只不过是对西方资本放弃了防卫并且敞开了大门，成为砧板之上任人宰割的鱼肉。这些国家为向西方靠拢采取了强力的改革手段，无论是"休克疗法"还是"僵尸疗法"，都付出了沉重的社会代价。在此我们不用讨论抽象的经济数据而只从日常的生活小事就不难一窥全豹。看电影是原苏东地区民众最喜爱的娱乐方式之一，1997 年与 20 世纪 80 年代末相比，原苏东各国看电影的人口比例出现了大幅下降，其中匈牙利下降了 51%，罗马尼亚下降了 94%，而俄罗斯则下降了 96%。这似乎是一个小小的讽刺，社会大变革之后，的确如预期的那样，有了更多更好的电影可以选择，可是民众发现如今口袋空空，根本负担不起一张小小的电影票了[3]。

---

[1] 刘军、李海东：《北约东扩与俄罗斯的战略选择》，上海：华东师范大学出版社，2010 年。

[2] 在苏联解体之前，美国国务卿詹姆斯·贝克曾经在 1990 年 2 月向戈尔巴乔夫承诺北约不东扩到波兰边境，而后却食言而肥。参见托尼·朱特：《战后欧洲史》卷四，林骧华等译，北京：中信出版社，2014 年，第 1 章。2021 年 12 月 23 日，俄罗斯总统普京据此抨击北约，而北约秘书长斯托尔滕贝格则反驳称"北约从未承诺不东扩"。

[3] 参见托尼·朱特：《战后欧洲史》卷四，林骧华等译，北京：中信出版社，2014 年，第 2 章。

伴随着政治上的大举东进，美国在经济上也正式发布了以全球化为标志的国际经济秩序的蓝图。1995 年世界贸易组织（简称世贸组织、WTO）正式成立，取代了原有的关税与贸易总协定。世贸组织协议当中不仅仅包含原来关税与贸易总协定中的货物贸易，还将覆盖范围大大扩展到服务贸易和知识产权贸易上。新成立的世贸组织成员国集团掌握着全球最先进的科学技术，有着最广阔的市场、最成熟的贸易法规和制度服务体系。当代国家如果不加入这个体系就意味着被世界的发展潮流所抛弃，永久地被禁闭在世界的主舞台之外。这是一个比原子弹威力更大的杀器，似乎没有任何一种外部力量能够阻挡它的脚步，更不要说对其进行制衡了。

中国显然也清醒地认识到了这一点，1986 年 7 月正式提出"复关"申请。1987 年 10 月关贸总协定中国工作组首次会议举行，标志着开启加入多边贸易体制的进程。即使历经十余年的重重困难，中国政府也始终不曾放弃，终于在 2001 年修成正果。然而，恐怕当时没有人能够预见到，在中国加入世贸组织不到 20 年后，世贸组织居然成了其主要缔造者美国的痛点，如骨鲠在喉进退两难，甚至不惜去之而后快。特朗普 2017 年 1 月上任之后，多次公开批评世贸组织，认为世贸组织造成了美国在经济上的重大损失，并威胁要退出。由于美国政府对新法官遴选程序的持续阻挠，WTO 上诉机构 2019 年 12 月实际上已经瘫痪和停摆。拜登执政后虽然高调宣称重返多边主义，强调对 WTO 进行广泛的改革，但在修复 WTO 争端解决机制方面继续采取了同特朗普一样的"强硬"立场。有学者发文指出，作为现行国际秩序的主导国，美国的行为越来越效仿流氓国家的行径，严重损害了自由贸易秩序 [1]。平心而论，如果一个全球最强大的国家尽心竭力主导建立了一种经济秩序，并且耗费大量人力物力维持和推广这套贸易体系，过了 20 多年却声称为此遭受了重大的损失，成为这套贸易体系最大的受害者，那么不知道是当时发起建立这套贸易体系的美国领导人过于天真，还是如今把自己打扮成受害者的美国领导人擅长说谎。

1993 年，当时新当选的美国民主党总统比尔·克林顿在联合国大会发言，

---

① Kristen Hopewell, When the Hegemon Goes Rogue: Leadership amid the US Assault on the Liberal Trading Order, *International Affairs*, No. 4, 2021, pp. 1025-1043.

清晰地展现了美国对于推进全球统一秩序的基本要点和强大信心。克林顿总统明确表明美国的外交政策将以民主"扩展"战略取代以往的"遏制"战略，"美国当前压倒一切的目标是在全世界范围内扩张和加强以民主政治为基础的市场经济"。他充满自信地向全世界宣称，这将有助于"建立一个互相协作和平相处的繁荣的民主世界"[①]。可以说，这是美国图谋建设以美国为主导的冷战后全球秩序的宣言。

显然，美国主导的全球化进程并非风平浪静。2001年对于美国而言忧喜参半。首先是发生了"9·11"事件，这是自19世纪60年代南北战争以来美国本土首次遭受的大规模袭击。但是，当年发生的另一件事对整个世界的意义其实可能更加深远。2001年年底，经过十多年无数次的谈判，中国终于正式加入了世界贸易组织，完成了全球经济秩序最后一块重要的拼图，标志着美国主导的经济全球化正式完成。这不仅仅意味着超过12亿人口的潜力无限的巨大市场，更令美国欣慰的是，中国加入世界贸易组织在美国看来意味着中国服从了美国制定的国际贸易规则，接受了向市场经济转型的引导。按照美国的认识，强大的经济力量必然将把中国一步步地推向美国设计好的政治自由化的道路，中国将从政治和经济两个方面不断效仿美国，从而完成美国从数十年前就开始执行的对中国"和平演变"的长远战略[②]。美国以为即使中国人比苏联人更加精明，采取更加稳健的方式进行变革以避免制度崩溃，但是成为美国价值体系的接纳者甚至追随者也仅仅是时间问题了。

然而，事实果如所愿吗？今日来看，或许有人会评价美国犯了经验主义的错误，没有认真分析中国与苏联之间的深刻差别，没有仔细研究中国的政治制度和历史传统，因此导致了战略误判。其实，更加根本的问题是，美国并没有考虑清楚其冷战得以获胜的真正原因，而理所当然地认为冷战获胜意味着美国在两种意识形态和价值体系单挑中的胜利，是一场制度与制度对决中的胜利，是人类发展道路竞争上的胜利。可以说，在冷战胜利之后，美国一步步更深地

---

① 详见1993年9月27日美国总统克林顿在联大会议上的发言。

② 陶文钊：《中美关系史》第三卷，上海：上海人民出版社，2016年，第六章至第九章，第1543-1863页。

陷入了"制度决定论"当中，沉迷于所谓"制度霸权"的迷思而无法自拔[1]。

2001 年之后，美国认为既然中国的问题已经有了比较圆满的结果，其他的障碍就只剩下所谓的"恐怖分子"了。这些人自称是"圣战主义者"，采取的是一种非对称的对抗策略，没有具体的国家载体，也没有明确的领土诉求。实际上，这些非国家力量很大一部分曾经是美国在冷战时期的友军，是美国为了对抗苏联而扶持的，如今既然主要的敌手苏联已经不复存在，那么这些扶持的傀儡友军自然也就失去了价值，甚至有些碍事了。过去为了拉拢更多的力量共同对抗苏联，美国在中东的政策还相对温和，现在终于不用继续与这些阴影里的力量虚与委蛇了，因此在冷战结束之后的十年当中，彼此的关系开始恶化，猜忌和不满不断积聚酝酿，终于在纽约世贸大厦的灰飞烟灭中爆发。虽然这些挑战无法从根本上动摇美国的宏大战略，美国仍然决定大动干戈，不仅自己出兵，更是满世界组织反恐"志愿者联盟"。与其说是为了消灭恐怖主义，不如说是为了宣示美国是所谓的全球领袖形象并且推广美国的意识形态。因此，反恐的政治意义要远远大于军事意义。

历史的摄像机在 2003 年应该有一个定格。当年的 5 月，小布什总统登上位于加州的"亚拉伯罕·林肯"号航空母舰，对全世界宣称"任务完成"。这一刻无疑是他人生的巅峰，他的父亲老布什总统领导美国赢得了冷战，如今他又作为"联军"统帅宣布伊拉克战争的主要斗争已经结束。这一刻也同样是美国国家声望和实力的一个高峰。当是时也，环顾宇内，群雄慑服，再无敌手，似乎天下已定，美利坚霸权万世之业成矣。不知道当时遥远的波斯湾海风迎面吹来，小布什总统心中是否也会如同楚襄王一般大呼："快哉此风！"[2]

古人云："高陵之下，必有峻谷。"在高光时刻过去之后，美国的全球秩序霍然遭遇严峻挑战，首先暴露的重大考验便是 2008 年的金融危机。这场危机其实早有预兆，1997 年亚洲金融危机和 2000 年互联网泡沫破灭已显露出不祥的征兆。这两次危机可以认为是互为表里，正是资本大规模从亚洲撤出回归美国投资互

---

① 虽然是战略竞争对手，但美国和苏联很大程度上都是"制度决定论"的信徒，两者难免陷入了某种绝对教条主义的泥淖。

② 苏辙在《黄州快哉亭记》中记载，春秋时楚襄王站在兰台之上，"有风飒然而至者，王披襟当之，曰：快哉，此风！"这时宋玉在旁边讽谏道："此独大王之雄风耳，庶人安得共之？"

联网产业，才引发了亚洲金融危机并波及全球，而海量资本回到美国又快速催生了巨大的虚拟经济泡沫，最终才导致了互联网泡沫迅速破裂[1]。美国式全球化所存在的深刻矛盾已经初步显现，在全球化自由市场环境下，规模巨大的资本不受限制地流动，一旦失控则来如洪水去似飓风，所经之处满目疮痍。

在资本主义的不同阶段，国家之间的竞争方式是有所差别的。早期殖民主义时代，列强相互争夺的是自然资源、原材料和廉价的劳动力，之后逐渐演变为商品倾销市场的争抢，而到当今时代已经是以资本输出作为基本形态的竞争了。资本就其本质而言必须完成投资并获得收益，不断循环往复才能得以生存。这一过程一旦停顿，资本便有可能转化成为资产而沉淀下去，这不符合资本主义的基本运作方式，是不能被容忍的。20世纪80年代日本签订《广场协议》[2]之后，日元大幅升值，产业资本迅速转变成为金融资本，再加上大量外资涌入，不断推动日本国内资产泡沫，最终导致日本金融危机，并使日本在新一轮全球高技术竞争中未能占据有利位置。资本不能扩张就无法成长，难以对产业形成迭代效应以推动技术更新换代。进入21世纪，日本在以手机技术为代表的高科技通信领域几乎丧失了全球性的竞争能力，一部分原因就在于其资本无法扩张，无法通过占领更多的市场实现增长，反过来再投入产业进行研发升级，提高核心竞争力而推动产业的进一步发展。

现实的情形非常严酷，当下全球资本处于过剩状态而市场却早已经饱和，资本与资本的竞争因此不得不上升到国家与国家竞争的层面。全球性信息和资本的自由流通更是促使全球资本非常容易在短期内形成同向运动，使其破坏力倍增。为了满足资本永不餍足的胃口，有时候只好人为制造一些并不真实的需求，美国房地产市场的次级按揭贷款业务就是如此。2006年，美联储放松金融监

---

① 沈联涛：《十年轮回：从亚洲到全球的金融危机》，上海：上海远东出版社，2015年。

② 20世纪80年代初期，美国财政赤字剧增，对外贸易逆差大幅增长。美国希望通过美元贬值来增加产品的出口竞争力，以改善国际收支不平衡状况。1985年9月22日，美国、日本、联邦德国、法国以及英国的财政部长和中央银行行长在纽约广场饭店举行会议，达成五国政府联合干预外汇市场，诱导美元对主要货币的汇率有秩序地贬值，利用汇率调节贸易失衡的协议。相比于法国、联邦德国、英国，日本做出更大的妥协，日元对美元大幅升值。日本政府通过放松信贷维持经济扩张势头，日本股市、楼市产生严重泡沫。海外机构投资者既赚取日元升值的利润，又利用日本房价上涨的空间，在崩盘前全身而退。日本实体经济陷入泥潭，因此经历了长达十年多的衰退期。

管，正式允许在银行间使用信用违约掉期（Credit Default Swap，CDS①），随后此类衍生品市场迎来爆发性增长，在 2007 年第四季度达到峰值，名义价值接近 60 万亿美元（当时美国股票市场总市值大约 20 万亿美元，并且在金融危机爆发之后暴跌接近一半）②，最终由于美国房利美和房地美③的巨额次级债券担保凭证（Collateral Debt Obligation，CDO）出现违约风险，引发连锁反应，酿成 2008 年美国金融危机。

美国自身的金融危机通过全球化金融网络蔓延到全世界，引发了全球金融危机。美国掌握了全球铸币权可转嫁损失，所以在付出了一定代价之后总算全身而退，而欧洲却受创更深且恢复也更加缓慢。有些国家为了加入欧盟而放弃货币主权，削弱了政府的经济调控能力，面对金融危机更加无计可施，于是在 2010 年又进一步引发了"欧债危机"。经过 2008 年的金融危机事件，欧盟与美国之间的潜藏矛盾在不知不觉中已经被激活，历史的伤疤再次被撕开。

金融危机以后一些欧洲国家对美元储备货币作用的信任开始弱化，并显示出对美国利用美元在国际金融交易中的主导地位来惩罚欧洲公司的长臂管辖的武器化做法日益不满。2019 年 8 月，英格兰银行行长马克·卡尼甚至在全球央行年会上对美元在国际货币体系中的主导地位予以公开批评④。

美国全球秩序的另外一个难以克服的问题是与欧洲的关系。欧洲与美国在

---

① CDS 可粗略地理解为一种保险产品，为债券违约进行保险，而 CDO 则是一揽子债券组合的 CDS 产品。

② P. Augustin, M. G. Subrahmanyam, D. Y. Tang et al., Credit Default Swaps: A Survey, *Foundations and Trends (R) in Finance*, Vol. 9, Nos. 1–2 (2014), p. 15.

③ 联邦国民抵押协会，简称"房利美"（Fannie Mae），成立于 1938 年。美国国会创立房利美旨在为地方银行提供联邦资金，以扩大住房贷款业务。联邦住房贷款抵押公司，简称"房地美"（Freddie Mac），成立于 1970 年，其业务与房利美相差无几，它的成立主要是为了避免房利美形成垄断。两家机构曾经是国有性质，后来被私有化。

④ 卡尼认为，美联储货币政策的大幅波动甚至影响到与美国没有直接贸易联系的国家，因为它们别无选择地囤积美元来防止资本外逃，从而导致美元储蓄过剩和全球增长放缓。相关讨论见马凯硕:《中国的选择——中美博弈与战略抉择》，北京：中信出版社，2021年，第三章"美国最大的战略失误"，第 67 页；Mark Carney, The Growing Challenges for Monetary Policy of the Bank of England and Financial System (speech given at the Jackson Hole Economic Symposium, Wyoming), August 23, 2019, https://www.kansascityfed.org/~/media/files/publicat/sympos/2019/governor%20carney%20speech%20jackson%20hole.pdf?la=en。

政治上一直存在着某种深刻的分歧，欧洲加入美国主导的经济秩序，一方面是由于"二战"之后在军事上长期依赖美国提供的保护伞，另一方面是企望能在这个全球化秩序中解决 20 世纪 70 年代以来欧洲经济遭遇的经济困境。看到这一秩序的主导者美国不仅不能关照其他成员，反而主动向外转移危机以尽快克服自身国内危机，欧盟对于尽快实现"欧洲统一"就更加热切了。其实，"欧洲统一"的思想在历史上由来已久，早在 19 世纪中叶就有人提出"欧洲合众国"的设想，关税同盟的构想在当时更是相当流行①。欧洲在第一次世界大战中遭受了严重损失，更加促使各国竭力成立贸易联盟以协调矛盾，控制贸易摩擦不至于升级，这其中不乏联合起来抵抗来自美国竞争的考虑。20 世纪 20 年代到第二次世界大战之前，在和平主义的指导思想之下，欧洲尝试了各种各样的生产和贸易联盟，但这种单纯的经济方案由于缺乏相应的政治配合机制而流产。与经济一体化的尝试一样，欧洲政治一体化更是不乏拥趸，法国和德国的政治家也在 20 世纪 20 年代提议建立欧洲统一货币和欧洲合众国，其主要目的之一恰恰就是共同对抗崛起的美国势力②。

美国对于欧洲的真实态度也是心知肚明，但是为了避免"二战"后西欧由于民生凋敝而再次滑向极端主义，出于应对苏联的大战略，美国制订并实施了"马歇尔计划"：一方面助力西欧经济复苏，另一方面也是要占领西欧的市场，这一点在"二战"结束之后美国为英法等国提供战后贷款而开出的苛刻的政治和经济条件上表露无遗。美国要求英国放弃对于海外自治领的帝国统治，特别是对于这些自治领的经济和贸易的管制，实际上是要求这些地区对美国完全开放。同时，美国要求英国开放英镑的自由兑换，这直接造成了战后英国货币大幅贬值，英格兰银行出现挤兑。从 1944 年布林顿森林体系建立之初到 1949 年，英镑贬值超过了 30%，从此美元取代英镑成为世界货币③。对于法国，美国则是要求法国全面放弃保护性进口配额制度，对美国商品全面开放，特别要全面开

---

① 贝娅特·科勒 - 科赫：《欧洲一体化与欧盟治理》，顾俊礼等译，北京：中国社会科学出版社，2004 年，第二章"一体化——欧洲历史的新篇章"。
② 参见托尼·朱特：《论欧洲》，王晨译，北京：中信出版社，2014 年，第一章"美好幻觉"。
③ 威廉·西尔伯：《关闭华尔街：1914 年金融危机和美元霸权的崛起》，刁琳琳等译，北京：中信出版社，2018 年。

放进口美国好莱坞电影，这在当时就引起了法国国内广泛的争论。美国的"欧洲复兴计划"从经济角度而言是为了培养能够大量购买美国商品的贸易伙伴，避免重演20世纪30年代国际贸易的急剧衰退而导致的大萧条，而欧洲国家对于美国的胁迫仍记忆犹新[1]。

第二次世界大战西欧各国共同的失败经验在一定程度上减弱了欧洲统一的阻力，促进了欧洲开启新一轮一体化进程，随之而来的冷战又为此提供了合适的外部环境。面对一个迫在眉睫的强大威胁，当时穷困潦倒的西欧根本无法组织任何有效的防御力量，只得选择"委身"美国以获得安全保障。这种"共同的屈辱"反而令西欧各国之间增进了团结与协作，甩掉了沉重的军事负担而全力发展经济。欧共体的存在与繁荣很大程度上是依靠东西欧的分裂，冷战为美国保护欧洲提供了自然而然的合理性，同时也让西欧各国在彼此之间产生矛盾的时候主动地自我克制，避免分歧升级。因此，一旦冷战的舞台不复存在，各种形势也必然发生转变。来自东方的强大威胁一夜之间几乎消失殆尽，原本强大如斯的苏联突然解体，继承苏联大部分遗产的俄罗斯实力大不如前。俄罗斯不仅无力阻止北约东扩，现在连防御北约的进逼都已经捉襟见肘。在这种现实条件之下，美国过去借助军事力量对欧洲以保护为名实施的各种压迫如今在西欧各国看来也越来越刺眼了，欧美之间潜在的深层矛盾开始慢慢地浮出水面。

冷战结束后不久，欧盟于1993年正式成立，2002年欧元更成为欧元区的唯一货币。欧盟追求的是统一欧洲，能够争取更大的国际发言权并在国际秩序中获得更加优越的地位，而美国则对欧洲的一体化进程充满警惕，一直怂恿原本就对欧洲统一三心二意的英国退出欧盟。2016年在特朗普政府上台之后，美国更是从幕后直接走到了前台，公开支持约翰逊参选首相。2016年6月，英国举行全民投票正式决定退出欧盟，这一举动无疑是对欧盟当中的双核心国家——法国和德国的欧洲统一战略的一次沉重打击。欧盟和美国的共同战略目标越来越淡薄，美国看似完整的全球化版图在核心的部分隐隐约约已经出现了裂痕。2021年拜登政府上台之后，欧盟当中"实现欧洲独立外交"的声音更是此起彼

---

[1] 托尼·朱特：《战后欧洲史》卷一，林骧华等译，北京：中信出版社，2014年，第3章"欧洲的复兴"。

伏。美国拉拢欧盟共同制约中国快速发展的企图，并未得到所预想的热烈回应。值得注意的是，欧盟内部不仅在对华态度上存在分歧，在对俄问题上也同样出现了分裂。尽管 2022 年 2 月开始的俄乌冲突强化了北约在中东欧的存在和美欧的同仇敌忾，但随着战事的拖延和经济负担的加重，美国与欧盟国家之间的分歧是否能得到持续消弭，仍有待时间的检验。

除了外部的挑战，美国内部对于全球化的分歧也随着全球化的深入而愈加严重，对美国全球秩序造成了严重的阻碍。2016 年美国大选结果揭晓，似乎昭示着一个无情的事实：美国建制派精英们尽管秉承某种政治理想，在过去 30 年间一直执着地推行全球秩序，但现在这种理念却被自己的一部分国民用选票彻底否定了。政治素人特朗普的上台意味着建制派在过去 30 年中忽视了推行全球化与美国国内政治之间的协调，全球化的最大反对者恰恰是相当一部分的美国国民。特朗普执政之后以响应选民的愿望为口号，对原有的全球秩序架构进行了全面的清算和破坏，火力集中在其两大支柱之上——普世价值观和经济全球化。特朗普提出"美国优先"的政治原则在事实上等同于放弃了对于建立全球统一秩序的雄心壮志，在全世界推广普世价值观显得不那么重要了。毋庸置疑的是，作为一种秩序的设计和建造者，是完全不需要强调自身利益优先的，因为这个秩序得以存在和运行的前提必然是其领导者从中分享充分的利益，所以甘愿为了维持这一秩序提供更多必要的公共服务，承担更多的公共义务。因此，强调"美国优先"的做法就如同率先破坏由美国自己制定的国际规范和共同原则。

在新的国家指导原则下，美国经济上在全球范围内大规模挑起贸易战，对自己制定的贸易规则肆意破坏，使用关税和非关税壁垒打击他国与美国之间的自由贸易，甚至还引起了其他国家之间的贸易摩擦，比如韩国和日本的贸易争端。政治上则摒弃了建制派长期坚持的所谓"政治正确"，执意回归到一切以自身利益作为唯一考量的孤立主义时代的思维方式。美国对与之存在利益冲突的国家，动辄实行经济制裁和武力威胁，甚至如同冷战期间一样进行颠覆活动，比如对伊朗、俄罗斯、委内瑞拉、古巴等。对于盟国，美国也毫不客气，要求盟国缴纳更多的"保护费"，开放更多的市场，而且同样不忌讳使用制裁手段。特别是在对待欧洲传统盟友的关切问题上，2018 年 5 月特朗普政府任性地单方面退出"伊朗核问题协议"，执意强化对伊朗的经济制裁，这给欧洲的安全和经济都造成严重损失和威胁。

特朗普政府放弃了美国在巴以问题上长期的政策导向，倒向以色列一边，公开支持以色列占领约旦河西岸和戈兰高地这种明确违反国际法的行为，承认耶路撒冷是以色列的首都，这都是为了满足特朗普集团政治利益最大化的需求。但是，美国放弃了作为巴以问题调解人的角色，造成中东和平进程遥遥无期，这不仅极大地损害了美国的国际威望，而且也给欧洲各国造成了严重的负面影响。欧洲各国拥有大量的穆斯林国民，法国有 600 万人是穆斯林，已经超过了全国人口的 10%，预计在 25 年之后将超过 50%；英国的穆斯林人口超过 500 万，占比接近 10%，而且在过去 10 年中伦敦的穆斯林人口增加了一倍；德国早在 20 世纪 60 年代就开始从土耳其大规模引进穆斯林劳工，如今德国的穆斯林人口达到 600 万以上，比例接近 10%。所以欧洲各主要国家在巴以问题上都分外谨慎[1]。由此可见，无论是偏袒以色列还是在阿拉伯国家制造动乱，美国的一意孤行必然导致美国与欧洲盟友之间的政治分裂，给全球化造成严重的负面后果。

特朗普政府的上述行为展露出美国政治中的内在逻辑冲突。历史上美国在实力爬升阶段曾长期奉行孤立主义[2]，既不介入世界事务，也拒绝别人的干涉。第一次世界大战结束之后，奉行威尔逊主义的美国则希望发挥全球性的作用，因此能够争取与其他国家合作来管理世界事务[3]。20 世纪 60 年代，以亨利·基辛格为代表的新实用主义外交政策力图抛弃单纯的道德束缚来进行对外利益的交换。然而，无论哪一种外交政策，从秩序的角度而言都应符合权利与义务的匹配原则。奉行孤立主义政策时期的美国不享受国际领导地位自然也不愿承担国际义务，而当美国奉行全球战略之时既然要在全球范围内享受某种独特的霸权权利，那么承担全球性的国际义务也是必然要求。令人惊诧的是，特朗普政府主张的单边主义则是，美国既要继续享有原本的全球利益，甚至要求得到的更多，却根本不愿意再承担

[1] 汪波、许超：《穆斯林难民危机对欧洲社会的影响》，《阿拉伯世界研究》，2017 年第 3 期，第 60-74 页。

[2] 孤立主义是美国早期的外交原则，主张对任何与自身利益无关的国际事务置身事外，尽量不承担国际义务，这种政策符合美国两洋隔离的地理优势。虽然在第一次世界大战之后美国的外交原则有所改变，但孤立主义的思想和政策学说在美国社会长期存在而且影响深远，中美贸易战的发生和"脱钩"论调也与之有关。

[3] Henry Kissinger, *World Order*, London: Penguin Books, 2015, Chapter 7.

已有的或任何额外的国际义务。特朗普政府不仅频繁退出各种国际组织和国际公约，还大幅度削减对外援助，拥有数万名官兵的联合国世界维和部队中只有区区数百人是美国人。特朗普已不再将既有世界秩序看成是美国自己亲手打造的，也摒弃了与其他国家协调行动的政治原则，完全采用西部牛仔式的恣意态度，正如美国参谋长联席会议前主席和前国务卿科林·鲍威尔所说，"我们将采取我们认为正确的立场，我希望欧洲人能更好地理解我们美国做事的方式"①。秩序的主导者率先破坏国际规范，共同目标自然无从谈起，结果也就可想而知了。美国在过去 30 年主导推行的全球秩序之路几乎走到了尽头，接下来的时代将充满变数，在未来的时代里唯一能确定的是不安和不确定性。

尽管特朗普未能连任，但 2020 年大选的结果也说明，特朗普所奉行的"美国优先"的政策遗产在美国民众中仍然有着非常深广的根基。2020 年的大选可以看成是一次反对特朗普大联合，相当多投票给民主党的选民并非支持拜登，而仅仅是因为反对特朗普。相反，投票给特朗普的选民基本上都是他的忠实拥趸。即使如此，民主党也仅仅是险胜而已。由于特朗普的离任，如今的选民失去了共同目标，各种势力也挟所谓"拥戴拜登之功"而各行其是，导致拜登政府即使在自由派集团内部也面临矛盾重重，更是难以形成有效合力来推进变革②。与之相反，下台之后的特朗普在选民当中依然拥有强大的影响力，2024 年的大选究竟鹿死谁手将是一场好戏。

---

① 《经济学人》，2002 年 6 月第 1 期，第 27 页，转引自托尼·朱特：《事实改变之后》，陶小路译，北京：中信出版社，2018 年，第 15 章第 212 页；陈琪、柳惊耀：《国际规则视角下的修正主义：特朗普政府对国际秩序的态度分析》，《当代亚太》，2020 年第 3 期。

② 拜登政府无法明确阻止同为民主党团体的佩洛西在 2022 年 8 月 2 日窜访台湾的政治冒险，暴露出拜登政府的政治羸弱，更显示了美国内政治博弈导致的政治失调的衰退趋势。

美国式全球化的症结

　　或许不应该怀疑美国当初希望建立全球统一秩序的背后可能的确存在着某种高远的抱负，甚至是一种宗教式的高尚情怀。美国精英们或许真心相信他们这一次找到了人类社会的终极形态和人类未来的阳光大道。在这种认知之下，美国精英们认为美国的所作所为在根本上是为了增加全人类的福祉，其他国家尽管因为暂时无法理解而产生抵触，美国也应坚持自己的立场。换言之，美国执拗地认为其一切行为具有天然的正义性，是一种"仁慈霸权"。美国保守主义学者罗伯特·卡根认为，美国相信"民主的胜利就是观念的胜利，市场资本主义的胜利就是优越制度的胜利"[①]，而一个好的制度"并不是因为它是好的就一定胜利，它需要强权约束来实现"[②]。曾经有很多人同样希望美国的这种判断是正确的，期盼美国指引的道路可以解决人类社会的重大困扰。然而事到如今，目睹被美国亲手打破而支离破碎的国际秩序，除了遗憾之外更加引人深思。

　　长期来看，美国在经济上选择的是以全球化为代表的自由市场道路。从理论上讲，经济生产的各个要素在最大范围内尽可能地优化配置的确可以提升生产效率，降低生产成本，为消费者提供价格更加低廉、质量更加上乘的商品。这岂不是正如亚当·斯密所言的自发提高全体人类的生活水平和福祉？单就生产而言此言固然不虚，但当前人类社会面临的最大的困境恰恰不在于生产环节，而集中体现在更政治性的分配领域。美国式的全球化在分配领域不仅不能化解

[①]　罗伯特·卡根：《美国缔造的世界》，刘若楠译，北京：社会科学文献出版社，2013年。
[②]　同上。

27

危机，反而加剧了问题的严重性。生产既已经全球化了，那么即使生产出更多更好的产品，如果无法在全世界范围内进行合理的财富分配，全球化的成果也只能惠及极小部分人群，而绝大部分民众却需要承担更加沉重的代价。一个全球化的秩序如果缺乏广泛的代表性，其结果只能在抗议和不满中黯然收场。

"二战"后，分配问题的重要性早已受到很多国家的格外关注。西欧各国吸取了两次世界大战的经验教训，对于社会财富的分配给予了前所未有的重视。欧洲对上一轮全球化进行反思，认为正是由于忽视分配造成贫富差距超越了危险水平而导致极端思想泛滥，最终酿成战争和社会动乱的巨祸。英国、瑞典、丹麦、挪威、比利时等西欧和北欧国家在战后经济建设上放弃了自由放任式的野蛮资本主义，转而大力扶持国有企业，重视制订经济计划，规定最低工资要求，建立从摇篮到坟墓的广泛的社会福利保障体系，降低贫富差距对社会稳定可能造成的破坏；德国等西欧国家在政治上选择中间道路，基督教党派和社会党派长期联合执政，政策以缓和国家内部社会矛盾为核心：这些措施助推了西欧的快速恢复和发展，并开启了欧洲战后的"黄金时代"①。

美国主导的这一轮全球化与上一波大英帝国主导之下的全球化相比，在经济本质并没有什么改变。在商品和资本自由流动的条件下，获利最大的仍是跨国大型企业和金融寡头。无论是发达国家还是发展中国家中处于金字塔顶端的精英，其本身的竞争优势被全球化放大之后，获取了更大的收益，从而进一步巩固了优越的社会地位，甚至已开始出现资产和地位代际传承的趋势，富者愈富而赢者通吃。贫富差距的扩大不但反映在国家与国家之间，在国家内部甚至表现得更为显著。财富水平的差异进而演进出思想观念上的分野。因全球化而获益的精英人士自然拥护和鼓吹经济自由主义，并以世界公民的认同自居。与之相对的是广大的普通民众，他们在全球化过程中不仅没有取得预期的收益，反而变得相对贫困甚至是绝对意义上的贫困化了。因此，民众对于全球化的失望不满也在不断积累，他们认为自己的利益受到了损害，他们的政治诉求与精英人士世界主义的主张背道而驰，这就埋下了民粹主义盛行的思想种子。

---

① 托尼·朱特：《战后欧洲史》卷二，林骧华等译，北京：中信出版社，2014 年，第 3 章 "繁华年代"；皮尔逊：《福利制度的新政治学》，汪淳波译，北京：商务印书馆，2004 年。

但与上一轮大英帝国主导的全球化相比，美国主导的全球化有一个新的特点值得特别关注，即经济增长与就业水平开始分离，不再如传统经济理论所阐述的那样同向运动，这就愈发加剧了财富分配的失衡。随着时代变迁，金融服务业逐渐成为经济的龙头和主体。由于金融资本的期限平均回报率明显高于产业资本，金融资本规模的占比越来越大，已经远远超越产业资本，占有了经济增长中的绝大部分回报。与产业资本不同，金融资本的扩张无法有效地带动就业，虚拟经济的过度扩张反而挤占了其他实体经济的可用资源，最终影响整体就业水平。美国和西欧国家近年来的实体产业空洞化是明显的例证，有些国家已几乎彻底放弃了制造业，完全依靠国际贸易提供国内生活的所需产品，而专注于高利润的金融业和相关的配套服务行业。设想一下，华尔街的整体雇员不过 30 万左右，经济增长时却享受着绝大部分红利，而当出现经济下行乃至发生金融危机时，成本则要由全体国民一起承担，难怪 2011 年的占领华尔街运动提出了"99% 反对 1%"和"要就业不要战争"的口号[①]。

美国原本发达的制造业地带如今人去楼空、满目荒芜[②]。大量美国本土普通民众无法分享经济发展的果实。由于受到自身条件的限制，他们无力改变自身的命运，而且真切地感受到这种悲剧正在向自己的后代传递，自己甚至后代的"美国梦"面临着幻灭，除了手里的选票他们看起来一无所有。特朗普的支持者们在 2016 年的美国大选当中选择了这位以"美国至上""让美国再次伟大"为口号的候选人。他们如此笃信这位总统，并为他众多显而易见的错误和失败进行多方辩解和极力开脱，甚至几乎达到了盲从的程度。在特朗普已经下台的今天，他在这些选民当中的影响力仍然高涨，这难道是所谓的"鹿死不择音"吗？

美国的全球化策略正在全世界催生着分裂的鸿沟。经济增长既然无法通过扩大就业和政府的经济政策而对全体国民进行合理分配，经济繁荣与共同富裕必然分道扬镳。在新冠疫情冲击之下，美国的贫富差距更是被进一步扩大，处于顶部的富裕人士的财富不仅没有因为疫情遭受重大损失，反而因美国的货币大放水而大幅增长；与之相反，处于美国社会中层和底层的民众则承担了主要的

---

① 周琪、沈鹏：《"占领华尔街"运动再思考》，《世界经济与政治》，2012 年第 9 期，第 73-92 页。

② J. D. Vance, *Hillbilly Elegy*, New York: Harper Collins Publishers Inc., 2016.

不良后果。这不仅仅培育了民粹主义情绪，同时也更滋长了民族分离主义。民族自决的思潮产生于 19 世纪，第一次世界大战前后列宁的民族自由分离和成立独立国家的理论主张、威尔逊规划战后世界的十四点计划都体现了这一思潮。民族解放和自决的运动延续到第二次世界大战，至今也没有完全停歇。苏联解体和东欧发生的社会巨变，民族分离主义在其中扮演了重要的角色。全球化不仅扩大了个人之间的贫富差距，也导致很多国家内部的不同地区上演着同样的剧本。如果地区之间巨大的贫富差距正好与民族分布相重合，问题就更加严峻了。富裕地区不愿意为贫困地区提供支援，认为那些地区之所以欠发达是有其自身原因的，接受援助的地区和民众应对支援他们的富裕援助者表现出足够的感恩之情。然而事实正好相反，接受援助的贫困地区认为这种援助是理所当然的，不仅没有感激反而生发出隐隐的怨恨，认为对方的富裕正是建立在国家制度的不公平和对自己的剥削之上，而对方的援助不过是其剥削获利的一个零头，因此这种援助不过是一种伪善而已。想象一下，假如这种对立的民族情绪再叠加上宗教矛盾和历史上的恩怨纠葛，那么对社会稳定的威胁将多么致命。当前，这种政治对立几乎遍及西欧各国，西班牙的加泰罗尼亚和安达卢西亚、英国的苏格兰和北爱尔兰、意大利的伦巴第和西西里、德国的巴登 - 符腾堡和巴伐利亚、法国的巴黎大区，以及比利时的佛兰德和瓦龙等，不一而足。即便在美国，因全球化获益颇丰的东海岸、西海岸和利益受损的中部铁锈地带的严重分裂也是如此。

　　既然全球化带来了严重问题，那么政府本当对此承担起必要的责任来化解危机。然而令人失望的是，全球化在推进的同时也实质性地削弱了政府的调控能力。由于产业、生产要素可以在全球范围内转移，当政府想通过有形之手缓和矛盾的时候，却往往发现已无能为力。比如，政府希望提高劳动者最低工资水平以缓解劳资矛盾，结果可能适得其反，导致企业直接搬迁出去，劳动者不仅没有获得加薪，反而带来大规模失业。更加糟糕的是，全球化将世界通过产业链严密地连接在一起，任何一个环节出现问题都可能通过产业链的传导引起全面经济危机。受新冠疫情影响，中国一度大面积停工，全球供应链立刻绷紧，生产能力出现暂时瘫痪。中国采取有效措施在全球产业链断裂之前恢复了部分产能，然而此时全球疫情又起，供应虽然恢复，需求遭遇骤降，危机仍然没有解除。由此可见，经济风险已经变为全球性的，可是政府的能力却依旧无法超过主权的范围。以一个个各自独立的政府来应付国际性的突发性冲击，无疑是十分困难的。

通过仔细的观察和分析不难发现，美国建制派推行的全球化经济秩序由于与政治上的现实无法相互匹配而遭到了致命的阻碍，如果不能有效地克服，那么全球化必然遭遇重大挫折。当前世界在政治上仍然是以独立主权国家作为参与国际政治的主体，而全球化导致的失衡问题则需要一个超越单个国家或者地区的全球性机制才能解决。如果各国仍然各自为政，无法有效协调一致行动，必然出现损人利己、以邻为壑的情况。这实际上是一个两难的境地，自由主义的全球化要求打破国家主权之间的界限，以确保跨国企业的发展不受束缚，这意味着政府监管职能的削弱，至少在经济层面政府应"越来越小"。而另一方面，这种全球化带来的负面效应反过来又需要政府进行更多的调节，行使更多的干预权力，为了尽可能地减低社会对于全球化抵制的意愿，政府的行动能力就必然需要加强，也就是说政府要"越来越大"。可以预见的是，在世界上建立一个兼具正当性和操作性的统一机制以协调全球经济和政治之前，全球化的再出发将步履艰难，碎片性的区域化经济将可能作为权宜之计而成为新的流行信念。

我们不能武断地认为美国在建设全球秩序的政治方面毫无作为。美国的所谓"政治正确"实际上体现的是一种美国式的"普世价值观"，美国希望以此树立旗帜，将更多的国家召集到一起，追随美国共同完成一个伟大的目标。然而，正是这种想法导致美国的"普世价值观"失去了吸引力。为了召集更多的国家，自然需要不断提高美国价值观的普世性，在世界范围内获得更为广泛的接受而非抵触。为了寻找各个国家的最大公约数，美国只能一次次地将这种价值观中的具体内核一点点抽离，最终除了几个毫无营养的空洞概念以外，什么也没剩下。更为糟糕的是，所谓的普世价值观被抽象化和绝对化，成为高高在上不可触碰的政治准则，完全变成了一种政治教条。事实上，任何一条政治准则都需要有可以具体评判的检验标准，否则对于现实的具体指导会变得毫无意义，在现实的政治执行当中必然会遭遇种种无法克服的矛盾。"自由""平等"和"人权"这些原则如果脱离具体的环境而拓展开去，不仅丧失了所有实质性的内涵，而且其自身之间的冲突也已无法相容了，即使勉强而为，必然出现各种双重标准和自我反噬的情形。比如，"政治正确"既要把一切原则绝对化，却又不得不尴尬地面对排斥和反对"政治正确"的这一"自由"。面对此次新冠疫情的大考，西方社会针对防疫措施所产生的深刻分歧，恰恰是来自将"自由""平等"和"人权"这些观念教条化而造成的相互之间的自我对抗。如此空洞无物、内部隐含严重冲突的政治口号，又如何能成为未来全球秩序所需要的共同目标和国际规范的指导理念呢？

就建立全球秩序这一伟大事业而言，美国过去 30 年的尝试如今看来的确难以堪称成功。与冷战刚刚结束时相比，全球范围内在国际稳定和社会治理方面没有出现显著的改善。东欧各国和原苏联各加盟共和国仍旧在探索发展的道路，西方开出的药方至今还没有令其完全恢复活力[1]，全球旧的热点地区的局势也仍然持续紧张，新的热点还在不断形成。各国经济上的联系虽然因全球化而更加紧密，甚至从政治匹配的角度而言已经是过度紧密了，但是各个国家在政治上的分歧并没有因为经济的联系而弥合，实际上反而在全球化的裂痕中不断加深。民粹主义大行其道，恐怖主义仍未停歇，周期性的全球经济波动此起彼伏，意识形态上的对抗恐将卷土重来。

---

① 托尼·朱特：《论欧洲》，王晨译，北京：中信出版社，2014 年，第二章。

负重前行

——中国的现代化道路

让我们把视线投射到 19 世纪中叶，观察一下当时的世界发生了些什么。西方在那时全面实现了第一次工业化，"资本主义"成为世界政治和经济讨论的热门词汇①。正如艾瑞克·霍布斯鲍姆所言，"资本主义的全球性胜利，是 1848 年后数十年历史的主旋律"②。殖民主义的浪潮也伴随着资本主义的扩张自西向东席卷而来。世界市场的扩大"挖掉了工业脚下的民族基础"，"使一切国家的生产和消费都成为世界性的"③。东方国家的传统社会体制遭遇了前所未有的冲击，特别是那些历史文化悠久、幅员辽阔的大国和文明，比如奥斯曼土耳其、波斯（1935 年改称伊朗）、印度和中国。这些国家起初的反应都很类似，想方设法对抗外部冲击，企图将这股力量阻挡在国门之外，维持自身社会的原有组织结构和运行方式。然而，美好的幻想终究无法抵挡冷酷的现实，在经历了一系列的失败和退让妥协之后，这些古老大国终于不情愿地承认，如果想要继续生存下去就不得不向西方学习，做出深刻的社会改变才能适应新的时代。显然，这是一个逐步深入而且异常痛苦的认知调试过程。

在如何对待自身传统和西方思想制度方面，知识阶层往往分为两派。一派主张全面放弃传统，全方位复制西方的一切制度，接受西方思想的彻底改造；而另一派则认识到自身的确存在严重的弊端，正好利用西方这股外来的力量摧毁阻碍社会变革的腐朽制度，但根本目的并不是把自己变成西方的复制品，而是建立一个能有力量抵挡西方同化的新社会。这两种思想一直贯穿在这些国家的现代化进程当中，即使到了百多年后的今天，世界已经发生了翻天覆地的变化，这两种观点之间的争论也依然没有完全停止。④

---

① 关于"资本主义"一词的出处，霍布斯鲍姆认为不会在 1849 年之前出现。参见霍布斯鲍姆：《资本的年代：1848—1875》，张晓华译，北京：中信出版社，2014 年，导言。

② 同上。

③ 马克思、恩格斯：《共产党宣言（校注本）》，陈望道等译，北京：中央编译出版社，2021 年。

④ 薛静：《重论"科玄论战"》，《传统文化与现代化》，1999 年第 2 期，第 11-21 页。

近代中国政治改革的历程

　　与西方相比，中国在明清两朝并没有如欧洲那般长时间地进行多国混战，在多数时间内中国仍然处于较为安宁和平的状态，大一统的国家即使存在威胁，也基本是在边疆地区。或许正是因为过于安逸，产生了骄傲自满和不思进取的情绪，正如晚清洋务派大臣恭亲王奕䜣所痛心疾首的"中国之虚实，外国无不洞悉，外国之情伪，中国一概茫然"。盲目自大忽视了世界上已经出现的新的时代洪流，这种错误的思想认识最终酿成了天朝上国失败的苦酒。1853 年流亡伦敦的马克思把眼光投向遥远神秘的东方大国，他在为美国《纽约每日论坛报》写的题为"中国革命和欧洲革命"的社论中精辟地指出："满族王朝的声威一遇到英国的枪炮就扫地以尽，天朝帝国万世长存的迷信破了产，野蛮的、闭关自守的、与文明世界隔绝的状态被打破，开始同外界发生联系……与外界完全隔绝曾是保存旧中国的首要条件，而当这种隔绝状态通过英国而为暴力所打破的时候，接踵而来的必然是解体的过程，正如小心保存在密闭棺材里的木乃伊一接触新鲜空气便必然要解体一样。"

　　从 19 世纪 40 年代开始，中国从战场上的接连失利中见识了西方先进的武器和装备，差距如此巨大以致士兵们的英勇和无畏徒留悲壮，毫无赢得胜利的希望。鸦片战争之后，中国被迫对外开放，更加领略到西方列强机器化大生产的威力。尽管国内存在很多反对的声音，清王朝的最高决策者仍下定决心在器物层面虚心向西方学习，希望能够缩小差距提高自身的抵抗能力。洋务运动兴办了中国近代以来最初的重工业，主要是服务于军事的工业体系，例如钢铁、造船和枪械制造，并且购买先进军舰，训练新式军队。为了培养技术人才，清政府在 1872—1875 年间派出官方留学生赴美国学习，这些留学生就是历史上有名的"留美幼童"，他们的平均年龄大约是 12 岁。对这一冲破夷夏之防而放下天朝大国身段的举动，求才若渴的洋务派代表李鸿章和曾国藩联衔上书写道："伏查挑选幼童出洋肄业，固属中华创始之举，抑亦古来未有之事。"当时人们认为出洋留学吉凶难测，所以留学生中全是平民子弟，没有官宦和豪绅子弟。原计划总共 120 名，分为 4 期，每期 30 名①。1881 年，由于担心留美幼童受到西方思想影响而脱离控制，该计划提前结束。这批学生当中有超过 50 人进入了美国的大学；回国后有 30 人在工矿、铁路、电报等行业工作，20 人加入海军，在外交和行政方面工作的有 24 人。派出留学生可以看作中国应对西方冲击的第一波改革措施，其核心思想是利用西方的先进科学技术，维护中国原有的社会制度和价值体系，此即著名的"中学为体，西学为用"的思想主张，在当时实质上带有民族自立自强的积极含义。

洋务运动始于 19 世纪 60 年代，当时太平天国运动进入末期，中国的内外局面相对安定，在政府主导之下轰轰烈烈推行了 30 多年。在初期的军事工业之外，又开办电报、矿山、铁路和纺织等各种近代工业，并且在 1884 年初步建成了一支在当时非常现代化的海军，实力在亚洲名列前茅，中国的现代化之路似乎正在阔步向前。不料风云突变，1894 年甲午战争中北洋水师的惨败，标志着中国器物层面改革的破产，洋务运动指导思想彻底失败。特别的是，甲午战争败于东方的日本而不是西方列强，更加引起了中国思想界的深刻反省。日本与中国原本情况类似，在列强东来之前中国国力甚至还在日本之上。然而，为何不过短短几十年，日本就能超越中国，走上了富国强兵之路？中国的知识阶层把关注的焦点转移到日本的明治维新上，于是中国的变革从器物层面逐步向政治制度层面深入推进。

发起公车上书的康有为是鼓吹君主立宪改革的重要人物。他为了减少国内对于政治改革的阻力，将孔子的形象打造成一位社会改革者，把《春秋》解读为一本宣传社会改革的著作而利用古代圣贤进行"托古改制"。康有为在他的《大

---

① 茆诗珍、徐飞：《留美幼童对近代中国的历史影响初析》，《安徽史学》，2005 年第 1 期，第 54-57 页；王元崇：《中美相遇——大国外交与晚清兴衰》，上海：文汇出版社，2021 年，第 13 章"千古壮举与百年遗恨：中国留美幼童项目及其失败"。

同书》中认为人类社会分为三个发展阶段，从封建专制进步到君主立宪，最终实现民主共和，而中国要想自强必须进行君主立宪的政治改革。为了配合社会改革的推进，中国当时的思想界把矛头指向了中国历史上的政治制度，将中国的历史称为"自秦汉以来两千年，皆专制黑暗政体""一部二十四史，不过是帝王家谱而已"①。清王朝于1906年首次宣布实行预备立宪，计划于1913年召开国会，但终究由于无法妥善处理中央与地方、满族与汉族之间的权力分配而归于失败。随后，清王朝在辛亥革命中被推翻。虽然革命迫使清帝逊位而实现了共和，但是中国的面貌并没有因此发生实质性的改变，先有袁世凯称帝和张勋复辟，后有北洋军阀混战，民不聊生。中国并没有因为实现了共和而走上自强之路，制度改革也宣告失败了。

虽然屡屡受挫，但是中国的现代化探索努力不可能停止。既然器物和制度的改革都不足以实现中国的现代化目标，那就只能继续深挖中国近代落后更深刻的根源了。新文化运动随之产生，中国传统思想文化成为中国衰落新的责任者和批判的新标靶。改革者将中国的文化描述为自秦汉两千年来思想无进步，所以导致社会一切停滞不前。因此，不少进步知识分子主张为了实现现代化需要从思想文化入手，全面批判儒学，甚至有激进者主张抛弃作为文化核心载体的中国文字，从思想文化上完全放弃本民族的传统，彻底进行西方化的思想改造②。实际上，这种观点深受日本的影响。日本在社会改革中不仅提出过日本文化劣等论，还更加激进地主张通过与西方杂婚改良人种（据说早在宋代日本曾采取过类似的方式，只不过当时日本所谓的"西方"是指中国），并且彻底放弃日文而改用英文。中国出现的很多对于本民族的批判思想，某种程度上都隐含着日本对其本民族进行自我批判和否定的影子。

我们今天应如何看待这些"全盘西化"的观点和主张呢？回头去看当时的历史，全面批判中国传统社会制度和文化的做法很大程度上是为了通过贬低和批判过去，为社会改革动员力量，是民族危殆局面下的权宜之计，必然带有一定偏激的理想主义色彩。不妨把这种思想看成特殊环境之下相对单纯的政治行

---

① 钱穆：《国史大纲》，北京：商务印书馆，2015年。

② 李超：《近代反专制视域下的批判儒学思潮》，《江南大学学报（人文社会科学版）》，2014年第5期，第17-22页。

为，在学理上必然禁不起仔细的考察，所以也无须过多地探讨这些思想在学术方面的对与错。但是有一点值得注意，当今时代中国的情况早已大不相同，民族救亡图存的目标也已发生重大时空转变，我们正在开辟一条符合自己特点的中华民族复兴的现代化道路，全面否定民族传统和价值体系的偏激观点更是时空错置而不合时宜了。

如果从政治制度改革方面考察，中国的现代化道路可以大致分为三个阶段。第一个阶段是从甲午战争之后到 20 世纪 20 年代初。在这个阶段，中国的政治改革主要是参考日本模式进行的。应当看到，自从欧洲殖民主义在全世界蔓延之后，遭受殖民主义冲击的国家不计其数。然而，在全世界范围之内（美国除外），日本是唯一通过社会变革实现民族自强，最终赢得与西方列强平等地位的国家[1]。回顾一下日本进行社会变革的过程，不难发现日本社会在很多方面与中国较为相近，文化交流也相对密切，因此自然而然地成为中国早期寻求现代化的效仿对象。

目睹了中国在鸦片战争中两次败北，19 世纪 60 年代日本的知识分子深切地意识到直接正面抵抗西方侵略毫无胜利的希望，必须进行社会变革才能保障民族和国家的存续。然而，当时掌权的德川幕府无法整合国内的政治力量，以便采取一致的行动共同应对外来的威胁。外来的侵略造成了日本国内政治严重分裂，从而导致明治维新。为了避免沦为西方的殖民地，必须摧毁幕府制度，而为了对抗守旧的政治力量，只有求助于传统政治力量，高呼"尊王攘夷"的口号，利用天皇的权威，推动社会现代化变革，力争实现民族振兴。在具体的改革方式上，日本采用了激烈的"全盘西化"的方针[2]。事实上，日本对于全面引进其他国家的政治制度和价值观念是非常有经验的。自从公元 663 年与唐朝军队在朝鲜白江口一战之后，日本（当时称倭国）开始全面学习中国。虽然在相当长的历史阶段中日本都在全面学习中国，但日本始终没有丧失独立自主的国家地

---

[1] 参见艾瑞克·霍布斯鲍姆：《资本的年代：1848—1875》，张晓华等译，北京：中信出版社，2014 年，第 8 章"胜利者"。

[2] 大隈重信：《日本开国五十年史》，上海：上海社会科学院出版社，2007 年。

位和文化地位，不得不说日本自身的文化特性具有非常强的独立意识①。

1889 年日本颁布了基于近代立宪主义而制定的首部宪法《大日本帝国宪法》，将明治维新的成果以法律的形式确定下来。清朝光绪皇帝在 1898 年发布了《明定国是》的诏书，效仿日本的改革措施，推进君主立宪。不仅如此，我国近代民主革命的很多先驱留学日本，通过学习日本的成功经验来指导中国的革命。可以说无论是从思想理论上还是具体实践上，中国近代的民主革命都与日本密切相关。

政治改革的第二阶段从中国共产党的建立开始，一直延续到 20 世纪 60 年代。在这段时期，中国的现代化政治改革主要受到苏联（苏俄）的影响。第一次世界大战之后，苏联（苏俄）社会主义制度的建立，为中国现代化道路开启了新的方向。新生的中国共产党接受共产国际的指导，在实际的革命行动中根据斯大林主义所强调的社会发展五阶段论和共产国际对于中国社会封建性质的论断，在国共第一次合作时中共党员按照共产国际的指令以个人身份加入中国国民党，协助国民党进行北伐，首要目的是推动中国的民族资产阶级完成资产阶级革命。即使到了后来中国共产党纠正了"左"倾教条主义的错误，取得中国革命的胜利之时，在思想领域仍然没有完全摆脱斯大林主义的影响。在新中国即将诞生之际，社会发展的指导思想是"新民主主义"，依旧强调中国先要完成资产阶级革命后才有可能进入社会主义社会。有些党员曾提出，既然都是资产阶级革命，那么新民主主义革命与旧民主主义革命的本质区别是什么？官方的理论回答是，旧民主主义革命是资产阶级领导的，新民主主义革命是无产阶级领导的。由此不难发现，当时中国尚未真正形成属于自己国家和民族的实现现代化的思想理论体系，直到 20 世纪 60 年代中苏关系破裂之后，中国才从思想和实践上逐步摆脱了苏联模式的禁锢，走上一条独立探索的现代化道路。

---

① 日本本土宗教是"神道教"，属于多神崇拜，尤其重视代表太阳的"天照大神"，认为历代"天皇"都是"天照大神"的嫡系子孙和神在人间的代表，并对其加以崇拜。

中国工业化的资本之路

如果说中国的现代化道路在政治方面可以借鉴日本和苏联的经验，那么在经济方面则更多地处于自主摸索的状态。现代化的核心是实现工业化，与政治改革的曲折前行相比，中国实现工业化的道路更为艰难。众所周知，实现工业化的前提条件是完成资本的原始积累，而这个问题一直将绝大多数国家挡在工业化国家门槛之外。在经过两次世界大战而获得独立的众多原殖民地国家当中，直到今天真正能够实现工业化的国家也屈指可数。这其中最根本的原因在于，后殖民主义时期资本原始积累的方式和机会与之前完全不同了。

翻阅最早一批实现工业革命的西方诸国完成原始资本积累的历史，迎面而来的都是掠夺和血腥，这些国家毫无例外都是通过殖民主义的强取豪夺来完成资本的原始积累。1600 年成立的不列颠东印度公司获得了英国皇室的支持，在一百多年的时间里控制了印度大片土地，几乎成了国中之国。同时，英国还在北美和加勒比海地区建立了众多殖民地。法国的殖民公司也同样得到了政府的支持，在北美的路易斯安那和魁北克、南美、非洲和印度等地建立了星罗棋布的殖民地，并享有广泛的自治权力。其他诸如西班牙、荷兰、葡萄牙以及后来崛起的德意志和意大利也都在海外拥有大片的殖民地，土地面积和人口往往大大超过本土的规模。比如，大英帝国在鼎盛之时，海外殖民地是本土面积的 100 多倍，人口是本土人口的 8 倍；法兰西殖民帝国顶峰时的海外殖民地面积多达 1200 多万平方公里，而法国本土面积只有约 70 万平方公里。西方先发诸国正是通过掠夺这些殖民地获得巨量财富，再加上冷酷的公开奴隶贸易，才为它们的大规模工业革命奠定了资本的基础[①]。我们知道，马克思主义正是研究西方社会所得出的成果，故此不难理解为什么马克思对西方资本主义做出了经典论述："资本来到这个世界，从头到脚，每一个毛孔都滴着血和肮脏的东西。"[②]

与西方列强不同，日本的初始工业化由于没有殖民地可以掠夺，所需要的原始资本只能从提高本国农民的赋税来筹集。1873 年日本颁布了《地税改革法》，起初厘定的税收相当于土地整个收获量的三分之一，并于 1875 年开始推行，但税率过高引起了广大农民的强烈反对。1877 年不得已只好将税率下调了 30%，直到 1879 年才基本完成土地税收的改革。日本政府别无选择地通过行政手段强行积累资本，而失去土地的农民则被迫进入城市成为雇佣劳动者[③]。甲午战争时期，日本的财政收入约占国民收入的 30%，其中大部分是来自农村的税收。与之相较，清政府当时的财政收入大约只占国民收入的 3%~4%[④]，可见日本积累原始资本之困难和政府执行之决心。然而，日本只勉强完成了第一步的原始积累，而工业化则需要持续不断地投入新的资本进行扩大再生产才能维持并成长。显然日本的农村无论如何已无法提供后续的资本支持了。尤其是日本政府此时重点发展的是军工企业，这些企业在和平时期只有消耗而并不产生利润，只有通过对外出售武器或发动战争才可能产生收益。于是，日本最终决定效仿西方列强，走上武力掠夺资本的战争之路，事后证明这对日本而言是一条不归路。

1894 年甲午战争之后，中日签订了《马关条约》。根据条约日本除了占有中国的台湾岛及其附属岛屿、澎湖列岛之外，还总共获赔 2.59 亿两白银，相当于日本 5 年的财政收入，这显著地改善了日本因为快速工业化而造成的财政紧张局面。1900 年签订《辛丑条约》，日本又获得本息总额约 10 亿两白银赔款中

[①] 姜守明：《民族国家形成时期英国殖民扩张特点探析》，《世界历史》，2004 年第 2 期，第 78-87 页；刘梦佳：《法兰西第三共和国的殖民转向——从 1885 年关于殖民问题的议会辩论谈起》，《史学集刊》，2018 年第 4 期，第 120-128 页。

[②] 马克思：《资本论》，郭大力等译，上海：上海三联书店，2013 年。

[③] 王美涵：《税收大辞典》，沈阳：辽宁人民出版社，1991 年；汤重南：《日本明治维新后的地税改革》，《世界历史》，1979 年第 6 期，第 58-66 页。

[④] 根据估算，19 世纪 90 年代中国国民收入约为 32 亿~33 亿两白银，而政府财政收入约为 9000 万两白银。造成这种局面的主要原因是政治困顿，中央政府行政能力低下，再加上列强对中国关税的控制，无法有效管理国家税收。参见李丽霞：《清末中央财政危机与政府应对——以盐政改革为中心的考察》，《求索》，2016 年第 5 期，第 162-166 页。

的大约 8%（年利息 4%，计划 39 年还清）。日本通过战争大肆掠夺资本，将接近一半的战争赔款继续用于军备投资，为下一次战争做准备，希望通过以战养战的模式实现国家的完全工业化。1904 年，为了筹措军费为即将爆发的日俄战争做准备，日本向英国和美国发行战争债券[①]。日本的战争费用高达 18 亿日元，相当于日本约 10 年的财政收入，其中超过一半的债券是由英美购买的。英美出于自身利益的考虑，在战争中偏向日本，为日本提供情报。日俄战争险胜之后，日本故技重施，向沙俄提出 30 亿日元的巨额战争赔款，自认为可以大赚一票，不料沙俄对此根本不予理睬。事实上由于沙俄仅仅是出动了在亚洲方向的军队，其欧洲方面的主力并未参战，虽然战败但元气未损，反观日本却是竭尽全力才侥幸获胜。如果日本逼迫过甚，沙俄有可能整军再战，届时日本将骑虎难下，日本也很难迅速支撑另一场战争。考虑到这种危险，再加上英美的调解，日本也只好作罢[②]。

日俄战争导致日本陷入严重的财政危机，在此之后的 10 年中经济发展速度明显放缓，而巨额的战争借款直到 1986 年才完全还清。第一次世界大战期间，由于欧洲列强混战而无暇东顾，日本经济获得了飞速增长，通过发战争财直接完成了从农业国向工业国的转变，贸易上也从入超国一举变为出超国。然而，好景不长，"一战"之后日本经济陷入停滞，1923 年发生关东大地震，巨额的经济损失加上灾后重建所需的费用更令日本经济雪上加霜。祸不单行的是，20 世纪 30 年代全球金融危机爆发，日本再次深陷泥潭，国内经济陷入绝境，最终铤而走险，悍然发动侵华战争和后来的太平洋战争，企图通过更加疯狂地掠夺他国的财富来摆脱本国的经济困局，而结局自然是整个国家的资源和财富在战争中消耗殆尽[③]。

对比日本工业化发展路径之后，也许不少人更为好奇没有采取帝国主义扩张之路的中国到底是如何实现工业化伟业的，因为初看起来中国似乎根本没有希望可以在如此积贫落后的基础之上实现完整的工业化。然而，从 1910 年陆士

---

① 陈海宏：《甲午战争与日本资本主义的发展》，《兰州学刊》，1991 年第 3 期，第 78-82 页；戚其章：《甲午战争史》，上海：上海人民出版社，2014 年。
② 查炆吟：《日俄战争全史》，北京：中国长安出版社，2018 年。
③ 西川俊作：《日本经济史》第四卷，北京：生活·读书·新知三联书店，1998 年。

谔写作《新中国》时算起①，中国从一个工业基础十分薄弱的农业国家，经过了大约 100 年的奋斗，在 2010 年前后实现了工业产值世界第一的令人难以置信的成就。当我们重温这段历史的时候，不得不因历史老人的难以捉摸而啧啧称奇。

中国民族资本主义是在中华民国时期开始发展的，其中快速发展的阶段大约集中在 1928—1937 年之间。随着张学良的东北易帜，中国国民党在 1928 年完成了中国名义上的统一，并从列强手中收回了关税主权。虽然各个派系之间的军事斗争仍然没有停止，但是相比北伐之前的情况已经有所改善。中国民族工商业在这个时期也表现出比较亮眼的发展势头，因而被一些学者称为"黄金十年"②。与晚清洋务运动时期相比较，这个时期的民族工业表现出两个方面的不同：一是民营资本发展很快，而洋务运动时期清政府的投入主要以官方资本为主；二是这个时期中国主要发展的是轻工业而非之前的重工业，原因是重工业对于技术和资本的需求更高，而民营资本实力不足难以承担。1929 年，全球经济大萧条爆发，中国当时尚未深度融入全球经济体系，仍然处于比较封闭的状态，因此并未遭受重大损失。而当时西方各国需求不足产能严重过剩，必须向外转移，中国于是趁机承接了部分西方轻工业的产能，其中基本上是低附加值和低科技含量的产业。当时中国的民族工业大概只有丝绸行业勉强可以对外出口，火柴行业基本可以自给，而其他的重要工业商品仍然要大量依靠进口③。

中国民族资本在这一时期的资本积累与之前日本的情况类似，也是通过榨取农村资源而实现的。当时中国的广大农村仍然是自给自足的小农经济，地主与农民同样也居住在农村，客观上需要维持当地的稳定和繁荣，所以对农民的盘剥只能控制在双方都可以接受的范围之内，租税大多数是根据收成在秋收之后按照比例收取，而且基本采取实物地租。然而，当中国进入民族资本主义兴旺发展的时期之后，这种情况出现了重大的变化。一些地主从农村迁入城市居住，在城市开办各种工商业，地主转变为工商业资本家，财富也逐渐转变为工商业

① 陆士谔：《新中国》，上海：上海古籍出版社，2010 年。

② 路瑞锁：《国民政府的"黄金十年"》，《资本市场》，2012 年第 12 期，第 126-127 页。

③ 许涤新：《中国资本主义发展史》，北京：人民出版社，2005 年；徐建生：《民族工业发展史话》，北京：社会科学文献出版社，2011 年。

资本。地主与农村经济社会活动发生脱离,农村的经济地位急剧下降,完全成为榨取资本的对象。首先,实物地租变为现金地租,农民需要将农产品进行交易变为现金,在这个过程中承担了相当高的交易成本。其次,为了更快地积累资本,地租的收取方式往往改变为在年初收取,甚至提前预支数年,而且往往不再与实际收成挂钩。大多数农民由于没有现金储蓄,在年初交税的时节只能去借高利贷,而这些高利贷者又大多是本地的地主。一旦遇到年景不好,高额债务迅速压垮农民,农民变卖所有财产之后不得已背井离乡成为流民,农村遂逐渐凋敝。实事求是地说,彼时民族工商业兴旺发展的背后是以广大农村的严重退化为代价的。不仅是农民遭受损失,很多中小地主也因为农村的衰落而陷入债务危机,不得不出卖土地。财富就迅速地集中到大地主和大资本家手中,从而维持着民族工商业的资本积累发展。

显而易见,这种状况是不能长期保持的。农村的凋敝一方面限制了中国国内市场的消费潜力,不利于工商业的扩大再生产,更为严重的是制造了海量的贫民甚至难民,导致了社会的动荡和冲突。在完成一部分原始积累之后,也毫不意外地发现单纯凭借农村来提供支持工业化发展所需的资本是完全不现实的,除非像日本一样选择军事冒险来进行对外掠夺,而以当时中国的情况而言这是根本无法实现的现代化战略,也不符合中国的政治传统和道德准则。

除了从农村收取资本之外,政府还可以通过债务的方式筹集资金,但遗憾的是当时国民政府的财政非常脆弱,根本原因来自历史和现实两个方面。北伐胜利之后,国民党南京政府为了稳定国际环境,仍然继承了北洋政府乃至清政府的大部分外债(比如庚子赔款),因此财政状况相当紧张。同时,国内的战争仍在继续,这加剧了南京政府财政的捉襟见肘。政府为了满足庞大的军政开支,只好不断借债。由于财政赤字严重,唯一能够采用的手段是借新还旧,勉强维持。1933 年财政负责人宋子文迫于压力主动辞职,由孔祥熙接任。当时国民党政府国库每月收入约 1500 万元,支出约 2200 万元,其中军费一项每月超过 1800 万元,每月赤字约 700 万元,占月收入比例近 50%。库存仅有现金 300 万元,黄金和外汇储备严重匮乏 [1]。面对如此糟糕的状况,政府除了对内发行公债之外,还不

---

[1]　贾士毅:《民国财政史》,郑州:河南人民出版社,2016 年。

得不对外大规模借债以应对财政危机，而绝大多数借款被用于军事开支，巨额的财富最终在战争的硝烟中随风而散。在所谓"黄金十年"中，军费和利息支出在政府财政收入中占比超过70%，实际上仅有很少的一部分被用来发展民生经济，能够成为资本而积累起来的财富更是少得可怜了。

值得注意的是，仅仅是民族轻工业的初建就实际上造成了广大农村家庭的破产，而重工业建设所需要持续投入的资金更要远远超过轻工业。民国时期的工业化道路一直无法解决资本积累和成长的问题，难以摆脱高额债务和高额赤字的恶性循环，最终以金融全面崩溃而黯然退场[①]。国民党政府的工业化走入了死局，实现国家工业化的重任只能由1949年新中国的执政者来承担了。新中国成立之后，决策者也面临着与国民党政府同样严峻的难题。起初，新政府由于缺乏管理经济和企业的人才和经验，仍然把工业化的希望寄托在扶持民族资产阶级身上，希望通过教科书般的发展之路，由发展轻工业起步，通过缓慢积累逐步转入支持重工业发展，最终实现全面的工业化。然而，新中国成立之后，农村的情况已经与之前有天壤之别了。由于当时在全国范围内实现了土改，农村不能成为民族资产阶级积累资本的来源。此外，面对当时社会明显的供不应求和严重的通货膨胀的压力，一些民族资本家出于自身利益的考虑，往往不愿意进行实业投资，转而大肆进行投机交易，根本没有心思发展企业。再加上1950年朝鲜战争爆发之后，中国受到了西方国家的全面经济封锁，民族资产阶级的状况更是江河日下了。朝鲜战争之后，苏联的投资暂时缓解了国内资本匮乏的局面，国民经济得到了快速恢复和发展，国际国内各方面形势出现了重要变化。1954年国内开始进行公私合营，国家资本取代了民族资本，成为实现国家工业化的主力军[②]。

在新中国工业化的道路上，有一个重大事件值得浓墨书写。这个事件看似历史的偶然之笔，却实实在在地对中国成功走上工业化道路起到了极其关键的作用，这就是1950年6月25日爆发的朝鲜战争。之所以说它有一些偶然因素，是因为这场战争实际上可能是由于两个阵营之间决策者的相互误判而造成的意

---

① 聂志红：《民国时期的工业化思想》，济南：山东人民出版社，2009年。
② 温铁军、董筱丹：《去依附：中国化解第一次经济危机的真实经验》，北京：东方出版社，2019年。

外。1950 年 1 月 12 日，时任美国国务卿艾奇逊根据国安会 NSC48 号文件精神在美全国新闻俱乐部发表亚洲政策演说，明确表示美国在西太平洋必须也能够守住的一条环形防御带是阿留申群岛—冲绳琉球群岛—菲律宾一线，把台湾地区和韩国排除在美国承担军事义务的范围之外，并且美军已于 1949 年 6 月开始撤出韩国。这实际上表示朝鲜半岛并不在美国的防线之内，也意味着美国对当时的韩国并没有共同防御的义务[1]。正是基于这种判断，朝鲜的领导人金日成才想办法说服了斯大林同意其采取军事行动发动半岛统一战争。然而，朝鲜的行动反过来被美国解读为第三次世界大战的前奏。迫于各方面的反共压力，杜鲁门政府对此前的冷战政策声明进行了重新评估和修改，决定军事介入朝鲜战争。这对于新中国来说是一场意外的挑战，完全打乱了原来制订的裁军还民、发展经济的计划，只得重新进入战时经济，不仅大大加重了财政负担，而且解放军失去了乘势解放台湾实现国家统一的绝好机会[2]。

但是，正如古人所言："祸兮福所倚，福兮祸所伏。"朝鲜战争的爆发，虽然一方面给中国新生的政权带来了更加沉重的财政负担，很多民生计划不得不推迟为战争让路，但是另外一方面则为中国的工业化创造了千载难逢的重大国际机遇。苏联为了应对与美国在朝鲜的长期对抗局势，在 1953 年战争结束之后更加积极地对中国进行了大规模的援助，产生了著名的苏联援华"156 个基础项目"。其中，军工项目 43 项，包括飞机制造、坦克和火炮制造等很多高端军用项目，煤炭项目 25 项、电力项目 25 项、机械项目 24 项、钢铁和有色金属项目 18 项等[3]。这些重工业和军事工业项目，本来都需要巨大的资本投入，单纯依靠中国自身的实力要积累起如此庞大的资金无疑是非常困难的，更不要说还需要培训大量的高级专业技术人才，这在当时的中国几乎是不可能完成的任务。苏

[1] The U.S. Department of the State Bulletin, Vol. XXII, No. 551(Jan. 23, 1950), p. 116.
[2] Henry Kissinger, *On China*, London: The Penguin Press, 2011, Chapter 5。朝鲜战争的另外一个副产品是"北约"的实质化。在此之前，美国希望能够从欧洲脱身，因此"北约"仅仅是一个空架子，但在朝鲜战争爆发后美国立即增加了对北约各成员国的军事援助，并要求各国重整军备。1951 年美国颁布《共同安全法》，到当年年末美国总计向西欧军事援助 50 亿美元，1951—1953 年每个北约国家的军费都上升到"二战"后最高峰。参见托尼·朱特：《战后欧洲史》卷一，林骧华等译，北京：中信出版社，2014 年，第 5 章。
[3] 徐焰：《解放后苏联援华的历史真相》，《炎黄春秋》，2008 年第 2 期，第 30-34 页。

联的援助使中国的工业化进程产生了飞跃式的进步，中国迅速跨入了工业化国家的行列。无独有偶，在战线的另一侧，"二战"战败的日本当时民生凋敝，不仅资本损失殆尽而且主权丧失，沦为美国的军事保护国，工业化复苏之路原本异常艰难。可是与中国的情况类似，日本也是因为朝鲜战争的缘故，获得了美国的大规模工业投资，甚至远远超过苏联的对华投资，日本几乎转眼之间重新回到工业化国家的一流水平，并为 20 世纪 60—70 年代经济腾飞和 80 年代成为世界经济大国奠定了物质基础。若非如此，日本单纯依靠自身能力要想重建工业化即便不是痴人说梦，恐怕也要费尽周折。

发展的道路总是曲折而坎坷的，中国虽然获得了苏联的援助，迅速地奠定了工业化的物质基础，但各方面由此受苏联影响也较深。朝鲜战争之后，苏联专家和顾问遍及中国各个行业的要害部门，即使在高度政治敏锐性的军队中也毫不例外。苏联希望中国成为苏联的战略缓冲地带，一旦战争爆发可以保证苏联本土的安全，而中国不愿成为苏联在亚洲的卫星国，强调国家的自主独立并坚持走自己的发展道路。20 世纪 60 年代之后中苏两党交恶，苏联单方面撤回了所有技术专家，"156 个基础项目"中很多面临夭折。更为严峻的是，中国同时与美苏两个超级大国对抗，国际环境愈发险恶，很难从国外获得低价借款，而原有的重工业特别是军工企业一方面需要持续不断地投入资本维持生产，另一方面却不能产生经济效益，只是单纯地消耗。如果不能筹集到足够的资金将导致中国的工业化半途而废，出现大量工人失业，造成严重的社会影响。无奈之下，中国只能再次把目光投向广大的农村。

在解决工业化资金问题的思路上，中国参考的是苏联依靠自身积累实现工业化的经验。苏联第一个五年计划从 1928 年开始，以建设重工业为主。为此，1929 年起苏联对农村开展大规模的集体化运动，向农业征收高额税负支援工业发展，实际上是以牺牲农业发展为代价，加速国家工业化进程。乌克兰是苏联当时最重要的农业地区，虽然领土面积只占苏联的 2.7%，但提供了 40% 的农业产品[①]。在苏联进行工业化建设的时代，乌克兰地区承担了异常沉重的压力，这也为苏联解体之后俄罗斯和乌克兰之间关系的紧张埋下了伏笔。

---

① 列利丘克：《苏联的工业化：历史、经验、问题》，闻一译，北京：商务印书馆，2004 年。

中国在土地改革的过程中已开始对松散的小农经济进行改造，提出实行互助组和农村合作社，并在 1956 年基本完成了对农业的社会主义改造，农民个体经济转变为人民公社的集体制经济，无疑大大强化了农村的组织动员能力，明显提高了国家进行资本积累的效率。中国为了解决工业化所需资金的问题，长期施行二元化的社会体制，通过剪刀差人为压低农产品价格、拉升工业产品的价格来为工业发展输血，这种状况一直持续到改革开放之初。

在当时内忧外患的局面下，中国经济在 20 世纪 60 年代末一度面临困境。城市内出现了大规模的失业，决策者不得已号召广大知识青年上山下乡，化解城市就业危机。但是农村本来已经承担了支持工业发展的重压，现在又突然增加了 2000 多万知识青年参与生产的需求，已经接近极限而不堪重负了[1]。正是在这种危急的历史关头，中国领导人果断地采取行动，1971 年与美国达成战略缓和共识，重塑了两国的外交关系，打破了被西方孤立的局面，及时为国家的发展谋得了更有利的外部环境。

自从 20 世纪 70 年代中美关系改善之后，中国开始从美国获得资本和技术的支援，承接了大量的美国轻工业产业转移，填补了苏联工业化模式的短板，逐渐建立了完整合理的工业化体系[2]。改革开放之后，中国可以从西方国家市场获得更多的优惠贷款，不再完全依赖从农村筹集资金了。这为家庭联产承包责任制的大规模推行提供了便利，农村从集体化再次回到了个体经营的模式，农民生产积极性得到极大解放。农村卸下了沉重的包袱，凭借着中国 8 亿农民的勤劳和简朴，中国农村很快重新焕发了生机，不仅为后来乡镇企业的蓬勃发展奠定了基础，还为后来中国的工业化发展提供了巨大的潜在市场[3]。

40 多年的改革开放实践使得中国发生了翻天覆地的变化，中国的工业化也进入了全新的历史阶段。自从中国加入了全球经济体系之后，资本的积累模式

---

① 金光耀、金大陆：《从地方志资料看知识青年上山下乡》，《当代中国史研究》，2015 年第 3 期，第 112-122 页。

② 欧美当时面临"二战"之后新一轮产能过剩的危机，需要进行产业转型，而中国正好处于推进全面工业化的关头。双方各取所需，欧美将中低端制造业向外转移，避免了经济危机，实现了经济向服务业的转型，而中国获得了生产技术和外部资本，国民经济得到发展，这是一个帕累托改进的双赢结果。

③ 温铁军：《八次危机——中国的真实经验》，北京：东方出版社，2013 年。

发生了重大的变化。利用劳动力价格的优势，中国企业大量出口价格低廉的初级工业产品换取外汇，然后引进新的技术和生产线扩大产能，提高生产效率和技术水平，进一步提升国际竞争能力，形成了正向的经济循环。对外大力鼓励出口，对内实行低工资、低消费，鼓励民众储蓄，为工业化提供廉价资本，双管齐下内外兼修，中国的工业化发展终于打破了资本不足的困境，走上一条相对平坦的快速道路，直到如今成为名副其实的世界工厂和资本大国。

纵览历史，人类社会到目前为止一共出现过三个世界工厂，第一个是19世纪70年代的大英帝国，第二个是第二次世界大战之后的美国，还有一个是现在的中国。与前两个国家不同的是，无论是经济上、政治上还是军事上，中国并不是当前世界上最强大的国家，因此这个世界工厂必然更加容易遭到来自国外的质疑和指责。如今，资本的主要形式已经从产业资本演化到了金融资本，而美国牢牢地控制着全球金融资本的定价权。尽管中国的资本总量也已经非常可观，置身名副其实的资本大国之列，但还远远不是一个资本强国。

晚明时代中国为何没能形成资本主义制度

在不少对于中国近代现代化探索的讨论当中，我们经常会读到这样的描述："中国早在宋朝就开始使用纸币，金融已经相当发达，到了明朝末期更是在江南各处纷纷出现了大量的工坊，雇用了相当数量的人从事集中生产，这是一种'资本主义的萌芽'。中国本来有机会成为世界第一个实行资本主义的国家，如果真能如愿，那么就不会在日后遭受列强的侵略了。"[1] 在探讨关于中国走向资本主义的问题上，大致有两种意见。一派认为，如果没有外来的力量阻断中国社会的自我发展轨迹，那么中国迟早也会走上资本主义道路；另外一些学者则认为，中国古代传统政治制度阻碍了资本主义的发展，导致中国错失了重大的历史机遇，如果不能根本改造传统的政治制度，中国无论如何也不可能走上资本主义的发展道路[2]。

稍加分析就不难看出，第一种观点是建立在人类社会发展五个阶段论的基础之上的，即人类社会没有例外地都将沿着原始社会、奴隶社会、封建社会向着资本主义社会演进，然后进入社会主义社会最终实现共产主义社会。按照这种社会发展观，中国在明朝既然不是资本主义社会，又不存在奴隶生产，那么理所当然只能是封建社会的性质了。不仅如此，为了能够套用这种阐述模式，还只好把周朝认定为奴隶时代，而把秦汉之后的中国两千年认定为封建时代。

---

① 刘永成：《清代前期农业资本主义萌芽初探》，福州：福建人民出版社，1982 年。
② 参见余英时：《士与中国文化》，上海：上海人民出版社，1987 年，第 8 章。

如此而言，中国社会的下一个形态必然是资本主义。后一种观点并不执着于资本主义是中国社会演进的必然结果，而只是试图解释为何中国没能尽早实现资本主义，对此中国应该在社会制度各方面进行何种检讨，发现哪些方面阻碍了资本主义的自由发展而应该加以改造。这两种观点看似相互对立，其实背后均隐含着同样的认识基础，那就是实行资本主义社会制度才是中国实现现代化的唯一选择和唯一道路，除此之外别无他法。然而，事实真的如此吗？

既然这两种观点都是从对明朝的工商业发展观察而来，那让我们也从明朝的工商业实际情况说起。中国在 16 世纪明朝中叶之后，商业日益发达，于是有不少"士人"弃文从商，商人的地位也从"士农工商"四民之末上升到第二位，士商之间的界限也逐渐模糊。一方面士阶层不断加入商人行列，而另一方面商人也深入学习儒学，很多商人子弟成为儒者。随着工商业不断地发展，各地的确出现了不少具有相当规模的手工作坊，这在当时世界范围内也是不多见的[①]。那么，这是不是意味着如果中国社会没有因为遭受西方的冲击而中断了自我发展，中国必然会走上资本主义的道路呢？讨论这个问题需要注意资本主义实际上具有两重含义：第一重是"资本主义生产方式"，即由资本掌握者提供生产资料，由受雇佣者提供劳动力进行的工业化大生产；另一重含义则是"资本主义的社会制度"，即社会由掌握生产资料的私人资本家构成的资产阶级主导，广大民众除了出卖劳动力之外一无所有的社会体制。单纯从生产方式而言，如果只是把资本主义的生产方式定义为私人对工商业投入财富，通过商业活动获取利润，那么这种经济模式古已有之，甚至在中国的战国时代就已不乏其例了。比如，贾谊《过秦论》中提及的猗顿就是很好的例子[②]。所以，虽然资本主义的生产方式并不独特，但是资本主义作为一种社会制度的确是在西欧首先出现而建立的。问题因此就转变为，中国能不能出现工业化大生产，能不能自然过渡到资本主义社会？

---

① 李绍强：《论明代官私工商业经济的演变》，《齐鲁学刊》，2004 年第 4 期，第 156-160 页；余英时：《士与中国文化》，上海：上海人民出版社，1987 年，第 8 章。

② 贾谊《过秦论》中有"陶朱、猗顿之富"之说法。陶朱指的是春秋越国大夫范蠡，传说是春秋时代的巨商。猗顿是战国时期的大商家，今山西省运城市临猗县人，通过在山西大规模经营畜牧业而起家，积累了大量财富，富比王侯而天下闻名，之后又用畜牧业赚取的财富开发河东盐池，成为大工商业者和大商人。

无论在东方还是西方，资产阶级都是在城市中诞生的，因此想要探讨这个问题必须比较中国与西方在城市方面是否存在某种差异，是否可以用来解释最终两种不同的发展结果。事实表明，中国城市与西方城市无论是在发展历程还是在社会地位方面的差别都很明显。欧洲城市的兴起需要追溯到大约 1000 多年前。查理曼帝国①分裂之后，欧洲在很长一段时间里一直遭受着来自北方维京人、东方马扎尔人和南方穆斯林的入侵，这种不稳定状况在 10 世纪前后暂时得到了平息。商业于是开始兴起，各地封建贵族纷纷建立新的城市以促进贸易，希望通过收税积累财富。西方城市的初始居民大多是相对富裕的进城农民和一些无业游民以及部分没有出路的破落小贵族。起初城市完全被贵族或者当地的宗教势力所控制，但在一段时间之后，城市中因为贸易而越来越富有的商人要求获得更多的自治权力。为适应这种要求和压力，在 12 世纪时封建领主给治下的城市颁布各种各样的"城市特许令"，赋予城市相当的自治权力。城市居民可以建立自己的法庭，制定法律并规定税收水平，代价是将一部分的税收上缴给封建领主或者教会以换取其对城市运作不加干涉。这种情况是符合当时欧洲中世纪封建制社会现实的，而在中国的情形则完全不同②。在公元前 3 世纪秦汉完成大一统之后，中国的封建制度实际上已经消亡，整个国家的法律制度已经统一，所有民众处于国家的直接管理之下，税收和行政是统一的，不存在自治权力。城市由政府按照计划统一建立，更是政府权力运行的集中之处，一切管理由政府直接操办，任何阶层都没有超越政府的其他政治权力。因此，在中国的制度之下政治权力是统一而不可分割的，没有出现如西方那样的城市自治，也没有出现拥有自治权的商人阶层③。

除了具体的政治结构不同之外，还存在着另外一个基于政治哲学基本观念的更加深刻的差别。中国传统政治当中对于"资本"的破坏力量非常戒备（此

---

① 查理曼帝国是中世纪西欧早期的封建帝国。因建立者查理大帝（768—814 年在位）而得名。查理死后，帝国陷入内乱。843 年，根据《凡尔登和约》，帝国分裂为东法兰克王国、西法兰克王国和中法兰克王国，大体奠定了德意志第一帝国、法兰西王国、意大利王国的雏形。

② 姜守明:《中世纪西欧封建制的演进与解体》,《历史教学（上半月刊）》,2020 年第 8 期,第 17-20 页。

③ 斯波义信:《中国都市史》,布和译,北京:北京大学出版社,2013 年。

处所说资本并不是严格意义上的资本主义生产方式下的本钱投入，而是指一般意义上可以流动的社会财富）。从中国历朝历代兴亡更替的经验来看，资本在当中的作用尤其不可小视。自从周朝的井田制度瓦解之后，历朝的统治者出于社会稳定的考虑都需要为广大农民寻找安身之所。新王朝建立，或者降低田税，减轻农民负担（例如汉朝），或者重新丈量土地，制订土地法令，尽可能合理地将土地分给农民。然而，随着时间的推移，法律执行逐渐松弛，资本开始不断侵蚀农民的土地[①]。一方面，大量的土地兼并不仅造成农民衣食无着，流离失所，引起社会动荡，更是促使地方豪强势力扩张，加剧了分离主义倾向。另一方面，中央政府则因为土地兼并丧失了大量的纳税者和兵员，管控能力严重受损，于是王朝走向衰落，社会发生动乱，旧王朝黯然谢幕，新王朝随之兴起。

有鉴于此，中国历代统治者都非常重视吸取历史教训，非常强调节制资本。汉代时商税特重（但亦可见商业之发达），武帝时将铸币权和煮盐冶铁收归国有，丝织和酿酒也由政府进行限额管理，但是在土地买卖制度上施行相对宽松的政策。唐代与汉朝不同，在土地制度上推行均田制，保障了农民的基本生活，转而在工商业上施行比较自由的发展政策，虽然二者都重视控制资本对于社会稳定的破坏力，但是侧重点有所差异。汉朝强调通过压制工商业而限制资本的力量，但在社会底层并没有采取措施。与之不同的是，唐朝则主张通过土地制度为广大民众提供基本生活保障，在此前提之下可以放开工商业。唐朝这种政治理念和指导方针后来基本上成为中国后世政权遵循的模板[②]。

西方的历史经验则与中国情况截然不同。在整个中世纪，并没有出现过因为资本扩张而导致政权解体的历史。罗马帝国的经济主要依靠奴隶制度，而中世纪欧洲实行封建制度，根本没有土地兼并的空间。王朝的兴衰往往是因为没有合法的继承人，或者国王无法通过战争不断掠夺新的战利品分给下属的封建

---

① 汉代的经济思想是"轻徭薄赋"，孟子认为"什一而税"就已经是非常了不起的"仁政"了，而在西汉的税收制度是"十五税一"，而且往往是减半征收。但是，西汉政府并不限制土地自由买卖，造成后来严重的土地兼并，才导致了王莽进行土地改革。唐代采用"租庸调"制，是以均田制的推行为基础的赋税制度，土地国有而不得私自买卖，税额是四十税一。后来由于年深日久，土地账册逐渐混乱，只好采用"两税制"，用货币税代替实物税，国家逐渐也荒废了对土地的管理，土地兼并之风再起。

② 钱穆：《国史大纲》（修订本），北京：商务印书馆，1996年。

领主，因而失去了领主们的支持而最终亡国。对于欧洲中世纪的封建领主而言，资本的扩张仅仅意味的是城市税收的增长，并不会对其统治造成威胁，对社会不会产生严重不良影响，因此根本不存在节制资本的思想观念。资产阶级经过数个世纪的发展壮大，最后终于推翻了封建制度。而当资本主义社会制度在西方广泛建立起来之后，关于如何管控资本的这个重大问题才渐渐被发现和认识，因为资本的破坏力量在资本主义的社会制度之下展现得更加粗暴。西方社会从此开始了寻找治愈这个症结药方的漫漫征程，可是直到今天依然还在寻找的路上[①]。

中国与欧洲在对于资本作用的认识上存在重大的差异，因而对待资本的态度自然显著地不同。西方中世纪的封建社会采用的是一种碎片化的治理模式，这不仅为私人资本的发展提供了空间，更是树立了资产阶级可以通过财富积累而交换政治权力的观念，最终演变成为资本主义社会制度。相反，在中国两千年的大一统的社会体制当中大体上没有权力的真空，而且政治传统又始终限制着民间资本的自由发展。

由此可见，中国在明代之后没有走向资本主义社会，是各种因素相互起作用的结果，但并不是无法产生资本主义的生产方式，假以时日或许也可以出现工业化大生产，但是在中国的历史经验和政治哲学之下，不加节制的资本扩张是不可想象的，更何况是实行一种以资本扩张为中心的社会制度。正是由于历史的经验使得中国人早已了解了资本的特性，因此难以照抄西方的模式，中国的现代化道路注定是一条承载着亿万民众殷殷期望的自主探索的负重之旅。

---

① 朱迪斯·本内特、沃伦·霍利斯特：《欧洲中世纪史》，杨宁等译，上海：上海社会科学院出版社，2007年。

全球化条件下的挑战和应对

20 世纪 90 年代以来的全球化，一方面给中国的现代化提供了发展的机遇，但与此同时也给社会的治理带来了挑战。全球化的生产链条显著地降低了各国政府对于本国经济进行调节的能力，大规模经济危机已经几次出现，地区性小规模的经济危机更是屡见不鲜。可以预见的是，未来的一段时间当中，世界治理很可能将表现出"领导者缺位"的赤字状态，经济波动也因此会进一步加剧，产业链当中任何一个环节出现问题都可能对全球经济造成蝙蝠效应①。如同新冠疫情全球大流行所揭露的那样，各国政府对此基本没有更好的防范手段，经济管控的难度也成倍增长。全球化挑战之下，每个国家原本需要一个更加坚实的力量来平衡全球化带来的破坏性效果，可是在当今世界的许多大国当中，政府的地位都相当尴尬。西方主要的工业国家在政治体制上大都实行联邦制度，地方政府享有相当大的自治权力，这进一步削弱了政府的统一管控能力，特别是在应对如此次新冠疫情一般的重大挑战的时候，一些西方国家行政体系的效率和执行力令人担忧。

与其他国家一样，中国如今面对的一个重要问题是需要应对经济的周期性波动。今天的中国，经济已经与全球深度融合，不再是产能不足和资本贫乏，反而是产能与资本双双过剩，任何一次波动都有可能在此条件下被进一步放大，对于国内经济甚至社会稳定造成严重冲击。中国迫切需要建立一个强有力的经

---

① 蝙蝠效应是指以世界上某个地区发生的突发事件为导火索，在国际公共卫生、国际经济、国际贸易、国际政治、国际产业链等领域迅速产生波及全球的破坏性连锁反应。

济稳定器,可以对经济波动进行有效的调节。实际上,中国的广大农村就是一个非常好的选择。首先,在人类进入工业化之前,除了严重自然灾害之外基本不存在经济周期波动的问题,因此农村这种自我循环的体系天然带有抵抗经济周期的属性。这并非指要让农村倒退回到那种落后的小农经济简单生产方式,更不是要降低农村经济中的商业成分,追求原始形态的自给自足。恰恰相反,农村像一块巨大的经济海绵,当需求因为经济危机而出现短期剧烈收缩的时候,农村可以提供额外的临时性需求,为过剩的劳动力提供基本生活保障,并且能够吸收因为刺激经济而暂时超发过剩的货币,起到平滑经济周期的效果。如同2008年全球金融危机的时候,中国采用了"家电下乡"政策,极大地改善了外部订单突然减少而对众多企业造成的冲击。经济危机往往是通过大规模失业对社会造成冲击,而农村经济恰恰可以提供社会保障体系之外的另一重保险机制。今天数量庞大的进城务工人员如果遭遇短期就业问题,只要家乡经济仍然兴旺,那么他们完全可以回乡做工等待经济回暖,从而可以大大缓解社会的整体压力。

农村的经济稳定在很大程度上能够保障整个国家的稳定,因此加强农村建设,提升农村经济的整体实力和抗风险能力成为当务之急,也是重大战略目标。农村经济要避免单一发展农业,应该促进农村多种产业的和谐发展,使广大农村成为能够自我循环、自我调节的具有相当弹性的稳态经济体,能在一定程度上抵御经济的周期性波动。中国的农村不仅规模庞大、面积广阔,而且人口众多,更为难得的是政府能对其进行全面有效的直接行政治理。这种利用农村的资源来应对经济波动的战略是极其独特的,除了中国之外,全世界范围内再也没有其他国家具有类似可行的条件。

除了应对经济波动之外,另外一个重要的目标是要有效地控制区域发展差异和民众的贫富差距。在全国范围内大规模进行基础设施建设,促进各个区域之间的人员和物资流动,适当地在国内不同的经济区域内按照统筹计划进行产业转移,保证全球化和现代化的红利得以惠及所有地区和所有民众。财富合理分配是解决问题的关键。在当前的全球化国际经济秩序之下,财富通常需要进行两次分配,第一次是按照国际分工和产业链地位进行国际分配,第二次则是政府将此收益在国内进行再次分配。通过国力提升和外交努力争取对于本国更加有利的国际分配固然非常重要,但国内的二次分配也同样关键,将直接关系到国民的凝聚力和社会的稳定。美国当下的情形是这种作用的例证。在此次全球化过程当中，迄今为止美国毫无疑问是经济上最大的受益者，但美国的二次分配机制出现了偏差，导致了大量中产阶级经济地位下降，成为全球化的牺牲品，引发了国内民众广泛的不满情绪。2008 年奥巴马以"变革"为竞选口号，声称要改革华尔街，以此获得了空前的民众支持。然而 8 年之后，实质性的变革根本未曾发生。美国民众在不断恶化的经济条件下终于失去了耐心，也丧失了对精英政治最后的一点期望和信任。正是这些普通人因为美国国内二次分配的不公平而受到了严重的利益损害，在 2016 年硬生生地把特朗普抬进了白宫。特朗普政府采取的各种反全球化的措施，虽然从理性的角度考虑无疑会对美国造成长期的不良后果，但是在短时间内抓住了相当一部分民众的心理需求，也获得了不少中西部铁锈带选民的支持。我们今天目睹美国社会的分裂在相当程度上是由于贫富差距的不断加剧造成的。东海岸和西海岸的知识和资本精英们大多数是全球化的获益者，他们与其他民众之间的隔阂不断扩大。由于没有合理地解决全球化带来的分配不均问题，长久以来维持美国国家团结的"美国梦"远去消失，正在给美国国家和社会造成深刻的伤害。此中教训值得深思。

中国今天的现代化观念与数十年前提出的"四个现代化"相比，其内涵已经有了巨大的经验拓展。在今天看来，现代化的含义至少应该包含三个方面：生产能力的现代化、社会治理的现代化和思想观念的现代化。其中，思想观念的现代化最难以捉摸，影响却又最为深刻。在思想观念领域，对于哪些是实现现代化的前提条件、哪些是现代化的后续结果的认识，将直接影响现代化的进程与成败。当前，讨论最为广泛的是大众民主与现代化的关系，即民主到底是不是现代化的必要条件。

想要回答这个问题，还是需要诉诸对历史的分析。如果狭义地将现代化看成生产能力现代化，那么从工业化先发国家的历史经验可以看出，这些国家都是先完成了工业化，之后才普遍推行大众民主政治的。具体而言，英国在 19 世纪前半叶率先完成了第一次工业革命，而当时英国只有少数男子拥有选举权，不足总人口的 5%。法国稍后在 19 世纪中叶完成工业革命，并于 1848 年赋予全体成年男子选举权，但是很快法兰西第二帝国又将这项权利废除了。德国在 1871 年普法战争之后完成工业化，也是在同一时间德国成年男子获得了普选权。

美国经历南北战争之后，工业化进程明显加速，到了 19 世纪 90 年代实现了工业化。在内战之前，美国已经实现了白人成年男子的普选权利，而战争中赋予大约 500 万黑人成年男子的选举权利却一直名存实亡，甚至 19 世纪末 20 世纪初，在一些南部州黑人的选举权又被重新剥夺。至于全民普选权利，上述国家基本都是到了 20 世纪六七十年代才实现的[1]。在亚洲，韩国、日本和新加坡也是如此。另一方面的实例也普遍存在。在第一次世界大战和第二次世界大战之后摆脱殖民主义而独立的新兴国家当中，从拉美到亚洲再到非洲，很多国家照搬西方发达国家的大众民主制度，然而这些国家直到如今仍然没有实现真正的工业化。

如果大众政治是现代化的结果而非前提，那么意味着不同的现代化模式会衍生出不同形式的民主制度。中国探索符合自己国情的现代化道路，其深远含义实际上远远超过一个民族的复兴。要知道，全世界与中华民族一样具有悠久深厚历史文化传统的民族不止一个，这些民族在近代以来都遭遇了类似的衰落命运，而目前仍然在寻找民族复兴的道路。如果中国能够开辟一条中国特色的现代化道路，无疑将为这些国家提供理论和政策参照，可以坚定其信念，更意味着在西方的现代化模式之外，每个民族都可以找到一条适合自己的独特的现代化道路。这将极大地解放人类的思想，丰富全人类的政治思想库。长远而言，中国的实践对于最终寻找到一种解决困扰人类社会的根本难题的方法，意义也非常重大。正如 2021 年 11 月 11 日中国共产党第十九届中央委员会第六次全体会议通过的《中共中央关于党的百年奋斗重大成就和历史经验的决议》所指出，"党领导人民成功走出中国式现代化道路，创造了人类文明新形态，拓展了发展中国家走向现代化的途径，给世界上那些既希望加快发展又希望保持自身独立性的国家和民族提供了全新选择"[2]。

---

[1] 邓纯东：《民主制度的好坏该由什么来评判》，《世界社会主义研究》，2017 年第 3 期，第 123 页。

[2] 《中共中央关于党的百年奋斗重大成就和历史经验的决议》，http://politics.people.com.cn/n1/2021/1117/c1001-32284266.html。

寒柏与夏花

——中美历史经验与国际关系观念

　　我们每一个人在日常生活中，除了身份证明之外最重要的文件莫过于一份履历表了。无论是找工作还是升职，或者参加各种各样的成果评定，都需要一份完整简历。生病的时候去医院，也同样需要一份病例。可见，一个人的经历对于这个人而言有多么重要。

　　抽象而言，"人的本质就是其一切社会关系的总和"[①]，这是针对人的社会属性而言，如果再考虑到人的自然属性，那么一个人实际上是其一切经验的叠加。当然这并非经验的单纯累积，经验彼此之间还发生着错综复杂的相互作用，每个人从而形成一种对外界相对固定的反应模式。当面对类似的境遇之时，不同的人可能会做出不同的选择。这种因人而异的模式，不妨就称作"个性"。显然，个性是从经验中提炼而成。遭受过灼烧痛苦，才知火焰威力；经历过惨痛失败，方晓胜利难得；攀登高峰之上，更可见长风浩荡。没有亲身经历过的事情，无论如何也难以有真实的理解和体会。所以古人有言"井蛙不可以语于海者，拘于虚也；夏虫不可以语于冰者，笃于时也"[②]。个人固然如此，推广至一个族群、一个民族乃至一个国家，又何尝不是如此。

　　正如每个人有自己的个性一样，民族和国家也不例外。民族的个性是由千万个民众个体的历史经验汇聚升华而成，一旦形成之后又反过来回注到每一个个体，沉淀在血液当中，并且传承下去。一代又一代个体的经验积累和提炼不断地、细微地改变着民族的个性，而民族当中的每一个人又同时被这民族的个性影响而不断地塑造和再生。

---

① 卡尔·马克思：《关于费尔巴哈的提纲》，载卡尔·马克思，弗里德里希·恩格斯：《马克思恩格斯全集》第三卷，北京：人民出版社，1960 年。

② 《庄子·秋水》，孙通海译注，北京：中华书局，2007 年。

中国：万里归来颜更少

    漫漫长河，人类有记载的历史至今不过万年，不知有多少个文明曾经耀眼夺目，称雄一时。然而，其中的绝大部分都已经烟消云散，不知所踪，只剩下故纸堆里的喟叹和历史遗迹的默默诉说。如果一个民族能够拥有被称为"坚韧"的个性，那么意味着这个民族可以承受各种各样深痛的苦难，在重压之下仍然坚持而不屈服，英国历史学家阿诺德·汤因比称之为"抵抗逆境的美德"[1]。哪怕历经寸寸肢解或者剖腹挖心，只要凭借这种"美德"这个民族就能拥有强大的自我愈合能力，不仅能继续生存，还能坚强地再次挺身站起，傲然而立。纵观历史，这样的民族实在是屈指可数。多少看似强盛无敌的民族缺乏这种特性而在受到重创之后，再也不能恢复，最终黯然褪色乃至消失于历史的视野。

    让我们先从四大文明古国之一的古埃及说起。开罗附近漫漫黄沙之中的金字塔和狮身人面像至今似乎仍然还在追忆其曾经的辉煌。从公元前3200年左右的第一王朝开始，古埃及人一直享受着尼罗河的恩赐，领土的周围也一片祥和，几乎不存在什么严重的外族威胁，地理条件可以说是得天独厚。然而，古埃及文明在公元前8世纪被亚述帝国征服，随后又在公元前6世纪被波斯帝国征服。由于地域相隔遥远，埃及此时仍然能够维持自己的文化传统，但是到了公元前332年，亚历山大大帝的追随者之一马其顿人托勒密作为新的征服者在埃及建立了托勒密王朝，并把埃及带入了希腊化的时代。虽然希腊人还保留了一部分埃及文化，例如埃及神庙，但是古埃及文明已经名存实亡。公元前30年，罗马

---

[1] 阿诺德·汤因比：《历史研究》，郭小凌等译，上海：上海人民出版社，2019年，第6章。

人即将从共和制转变为帝制，未来的罗马帝国开国皇帝屋大维东征西讨，东征埃及时托勒密王朝的末代统治者——埃及艳后克利奥帕特拉七世战败自杀，托勒密王朝灭亡，埃及成为罗马帝国的行省，埃及的古老文化传统至此宣告终结。由于罗马帝国的多神教传统，早期埃及人还能部分保存自己古老的宗教信仰和场所，但待到公元 393 年基督教成为罗马帝国的国教之后，连这一点最后的文化余温也不复存在了，直到 7 世纪埃及最终皈依了伊斯兰教①。在奥古斯都征服埃及并斩断其文化根源之后，罗马帝国在西方世界如日中天，以地中海为内海开始了约 200 年的黄金统治时期。可是，几乎与此同时，在世界的另一端，一个比罗马帝国地域更加广大、人口更加繁盛的东汉王朝也巍然屹立在东方。

其他众多古代文明也多数如此，如同流星一般划过天际，短暂地留下夺目的光芒，随后就消失不见了。曾经修建过伟大奇迹——空中花园的古巴比伦更是早在公元前 538 年被波斯吞并而从此销声匿迹②。创立了佛教信仰的古代印度从 2 世纪孔雀王朝灭亡后开始不断由西北部遭受入侵，从此再也未能在整个印度次大陆建立起强盛统一的政权。伊斯兰教兴起之后，印度从此成为阿拉伯帝国、土耳其帝国和后来的莫卧儿帝国的属地③。除此之外，人类历史上的一个个庞然帝国，无论是亚述帝国、波斯帝国、罗马帝国、阿拉伯帝国、蒙古帝国还是奥斯曼土耳其帝国，其文明一旦衰落，即使免于身死道消，也都一蹶不振，再也无法重返巅峰，这似乎是一个魔咒。但终归还有一个例外，那就是中华文明，而且只有中华文明至今没有中断。

想要理解中华文明的韧性和强大生命力，就需要认真梳理在漫漫数千年历史之中，中华文明曾经面临过何种艰难的局面，遭受过何种危险和痛苦，又是如何在一次又一次的踉跄摔倒甚至是匍匐在地之后，奇迹般倔强地复活而且变得更加强大。

按照《史记·五帝本纪》中的记述："轩辕之时，神农氏世衰……炎帝欲侵

---

① 房龙：《人类的故事》，夏欣茁译，上海：上海译文出版社，2017 年，第 5、6 章。
② 保罗·克里瓦切克：《巴比伦：美索不达米亚和文明的诞生》，陈沅译，北京：社会科学文献出版社，2020 年。
③ 托马斯·R. 梅特卡夫：《新编剑桥印度史》第三卷，李东云译，昆明：云南人民出版社，2015 年。

凌诸侯，诸侯咸归轩辕。轩辕乃修德振兵……与炎帝战于阪泉之野。三战，然后得其志。蚩尤作乱，不用帝命，于是黄帝乃征师诸侯，与蚩尤战于涿鹿之野，遂擒杀蚩尤。而诸侯咸尊轩辕为天子，代神农氏，是为黄帝。"[1] 按照《史记》的说法，黄帝以轩辕为氏[2]，由于当时神农氏的统治衰落，炎帝想要侵犯欺压其他诸侯，诸侯就都归顺了轩辕。轩辕推广德行，整顿军队，率军在坂泉的郊野和炎帝交战。经过三次交战，黄帝的军队获得胜利。蚩尤作乱，不听黄帝的命令。于是黄帝就征调诸侯的军队，在涿鹿的郊野和蚩尤交战，最后擒获并杀死蚩尤。这样，诸侯都尊奉轩辕为天子，取代神农氏，这就是黄帝。阪泉之战，意义深远，推动了中华民族的大一统变革。

按照中国古籍所说，尧、舜、禹都是黄帝的直系后代，而商的始祖契和周的始祖后稷都是黄帝的曾孙帝喾之子，所以一直到周朝，中原人始终自认为是华夏民族，与黄帝血脉相承[3]。而此后绵延数千年之中，汉民族与其他民族经历了无数次的融合，实际上已经是一个多民族水乳交融之后形成的新的民族。

公元前221年，秦朝实现了国家的统一，基本确定了中国此后两千余年的政治制度。统一的文字、统一的度量衡以及统一的政治制度逐渐将生活在这块土地上的人们拴在一起。从此，中华文明在这块土地上繁衍生息，中华民族经历过各种各样的遭遇，命运起起落落，高下参差。然而，哪怕国土沦丧，整个民族忍受奴役和屈辱，但文明之火一直延续至今未曾断绝。

就疆域和统治力而言，汉朝、唐朝和明朝是中华文明鼎盛的几个朝代，彼此之间相隔大概是400年。正所谓陵谷相循，贯穿在这几个高峰之间的年代当中，

---

① 司马迁：《史记·五帝本纪》，北京：中华书局，2006年。

② 古代的姓与氏不同，姓最初表示氏族的称号，而氏往往表示自己在所属氏族中的某一支派。姓一般不能更改，但氏是可以变更的，可选择地名、职业、官名等作为自己的氏以区别同姓的其他分支。据记载，黄帝本姓"公孙"，后来改姓"姬"，居轩辕之丘，故称轩辕氏。周朝以后，上层人物往往以自己的封地为氏，代表一种更加高贵的社会地位，因此上层社会往往以氏来代替姓。比如，屈原姓"芈"，而祖先封地在屈，故称屈原；秦始皇姓嬴，祖先封地于赵，故为赵氏，秦始皇自称赵政，而不是嬴政。直到秦始皇统一六国，为了加强中央集权，打击地方分离势力，要求姓氏合一。每个人或者选择姓或者选择氏作为自己的姓，氏则全部取消。秦始皇自己选择了姓嬴，故此之后成为嬴政。参见吕思勉：《中国文化小史》，北京：中国致公出版社，2018年，第2章。

③ 司马迁：《史记·五帝本纪》，北京：中华书局，2006年；沈长云：《华夏民族的起源与形成过程》，《中国社会科学》，1993年第1期，第175-188页。

中华文明几经波折。4 世纪，西晋王朝结束了东汉末年三国鼎立的局面，实现短暂统一之后，匈奴、羯、氐、羌和鲜卑等民族在当时经济文化最发达的北方地区轮番称王，历经 260 余年的战乱，直到隋朝时中国才再次统一。强盛的唐朝在 10 世纪初灭亡之后，中国进入五代十国的纷乱局面当中。终结五代十国的是宋王朝，而两宋始终积弱不振，先后面对辽、金和蒙古等的进攻一筹莫展，割地赔款乃至于改朝换代。如果从秦汉计起到明朝而止，中华文明曾经三落三起，而且无一例外地是在逆境当中由弱转强，最终在战胜一个个非常强大的对手之后方才奠定了盛世的基础[①]。

汉王朝是中华文明历史上最强盛的王朝之一，而汉王朝的盛世正是通过战胜北方强大的匈奴得以实现的。汉朝与匈奴之间的战争绵延数百年，从西汉一直持续到东汉。公元前 200 年汉高祖刘邦在今天山西大同附近的白登被匈奴军队围困，无奈之下只好向匈奴求和，执行和亲政策来换取和平。经过大约 70 年的休养生息之后，刘邦的曾孙雄心万丈的汉武帝接连发动漠南、河西、漠北三大战役，卫青和霍去病率领军队将匈奴从河套地区以及祁连山下驱赶到蒙古大漠以北。西汉王朝不仅开辟了丝绸之路，还设立了河西四郡，西汉王朝对匈奴取得了决定性的胜利。公元前 60 年，西汉王朝设置西域都护府，统治西域，将匈奴势力赶出西域[②]。在此之后，由于西汉衰亡，匈奴势力得以恢复，开始南下威胁东汉王朝。东汉光武帝时期，匈奴势力不仅一度逼近长安，而且再次控制了西域，阻塞了丝绸之路。于是，东汉王朝为此又发动了对匈奴的征讨战争。公元 89 年，东汉和帝派遣窦宪终于完成了对匈奴的致命一击，从此匈奴远走中亚。大约经过了 3 个世纪，西迁的匈奴[③]进入了欧洲，其首领阿提拉成为欧洲人口中传颂的"上帝之鞭"，驱赶着当时罗马帝国周围的蛮族蜂拥进入罗马帝国的疆域，最后终于在公元 409 年蛮族当中的一支西哥特人攻破了建成以来 800 年

---

① 钱穆：《国史大纲》（修订本），北京：商务印书馆，1996 年。

② 李开元：《汉帝国的建立与刘邦集团：军功受益阶层研究》，北京：生活·读书·新知三联书店，2000 年。

③ 关于中国北方的匈奴与后来侵掠欧洲的匈奴人之间的关系，历来众说纷纭。有可能是中国北方的匈奴西遁之后与欧亚大草原上其他民族相互融合而形成了一个新的匈奴民族。匈奴被汉朝击败之后，到匈奴大军出现在欧洲的地平线上，这数百年间在匈奴人身上到底发生了什么样的故事，已成历史之谜。参见欧阳莹之：《龙与鹰的帝国：秦汉与罗马的兴衰怎样影响了今天的世界》，北京：中华书局，2016 年。

屹立不倒的罗马城①。

汉朝因战胜劲敌匈奴而屹立于世界东方，唐朝的兴盛则是以战胜强大的突厥为起点的。突厥于公元552年建立汗国，次年就灭亡了柔然②。早在隋朝时，突厥就与隋朝发生过多次战争，隋朝国力强大占据上风，并将突厥分化成东西二部。待隋末天下大乱，原本已经归顺隋朝的东突厥趁机脱离隋朝控制。在唐兴灭隋的过程中，李渊也曾经向突厥称臣以换取突厥出兵支持。与汉朝一样，唐朝对突厥的战争过程同样是先妥协再战胜，在初期也只能采取妥协的和亲政策。唐高祖武德九年六月初四（公元626年7月2日）发生玄武门之变，两个月之后李世民登基。而仅仅一个月之后，东突厥大举入侵，兵锋直到距离长安只有40里的泾阳（今陕西泾阳境）。李世民在敌人大军兵临城下的局势下，被迫与颉利可汗签订"渭水之盟"，倾尽国库方才求得突厥退兵。然而令人意想不到的是，仅仅4年之后，唐朝大将李靖率军大破东突厥，还俘虏了颉利可汗，唐朝疆域向北扩展至阴山以北数百里。肘腋之患的东突厥既败，唐朝转而对付西突厥，目标与当初的汉朝一样，打通西域以保证丝绸之路的畅通。经过数年的拉锯战之后，唐高宗显庆二年（公元657年），唐朝统帅苏定方在今天的中亚塔什干大破西突厥，俘虏了沙钵罗可汗，西突厥汗国灭亡，唐朝疆域扩展至中亚地区。西突厥的残余力量与中亚各民族融合，在中亚地区建立政权，并抵御住了强大的阿拉伯帝国的入侵，其中的一支更向西迁移进入欧洲③。这支被称为马扎尔人（或者称匈牙利人）的突厥分支，开始在欧洲肆虐。当时正值查理曼帝国一分为三，马扎尔人不仅入侵意大利，还进攻洛林④和西法兰克王国，欧洲人对此不禁惊呼"阿提拉又回来了！"直到公元955年，东法兰克王国的奥托一世，也就是神圣罗马帝国的开国君主奥托大帝在列希菲德战役中才彻底击败了马扎尔人。随后，这支突厥人定居下来，并在公元1000年左右建立了匈牙利

---

① 朱迪斯·本内特、沃伦·霍利斯特：《欧洲中世纪史》，杨宁等译，上海：上海社会科学院出版社，2007年，第二章。

② 柔然，又称蠕蠕，是北方强悍的游牧民族，最早可能是鲜卑的一支，南北朝时期是北魏的主要敌人。

③ 威廉·巴托尔德：《中亚突厥史十二讲》，罗致平译，北京：中国社会出版社，1984年。

④ 洛林是法国东北部大区及旧省名。

王国[①]。

说起中国的盛世，往往必称"汉唐"，其实明朝的强盛足以与汉唐媲美，甚至在某些方面更胜一筹。明朝开国皇帝朱元璋起自草莽，是汉高祖之后唯一的一位出身草根并完成国家统一的开国君王。明朝初年国力强盛，洪武、建文、永乐三朝励精图治，仁宗、宣宗治国守成，历经洪武之治、永乐盛世、仁宣之治，一派盛世景象。从明太祖到明宣宗，明朝北进蒙古高原，出东北，征安南，下西洋，历七十年左右强劲政风。

中华民族的强韧绝对不仅仅表现在战争的胜利当中，更为强大的武器是虽无影无形但影响深远的中华文化。在几千年的发展脉络中，汉文化与各民族文化相互吸收、水乳交融，共同塑造了辉煌灿烂的中华文化。在历史上，每一个入主中原的少数民族在对待汉文化的态度上，其内部往往分成支持和反对两派，彼此各执一词互不相让，最后甚至演变成兵戎相见的局面。实际上，反对汉文化的一派并非反对汉文化所带来的更加舒适的生活方式，而是担心过度接受汉文化可能会导致本民族逐渐丧失权力，失去对汉族的控制。另外，自己民族的生活习惯和文化传统不由自主地逐渐向汉民族转化，长此以往整个民族也将被同化。尽管对于这种前途充满了担忧和警惕，并制订了很多的律令企图阻止这种情况的发生，然而文化力量润物无声，追求物质富裕和精神充实的生活是人的本性，很难用行政命令来阻止。

东晋时天下大乱，直到鲜卑族的北魏政权于 5 世纪中叶统一了中国北方。北魏自太武帝开始推行汉化，但是遭到来自鲜卑贵族的强大阻力。公元 471 年，5 岁的孝文帝即位，临朝听政的冯太后推行汉化政策。孝文帝在亲政后继承冯太后的遗志继续推行汉化，并把都城从平城（今山西大同）南迁洛阳。当时反对派的首脑是太子和众多亲贵。迁都之后，太子趁皇帝出京之际，杀死大臣密谋返回平城，孝文帝为此将太子废为庶民，严加看管[②]。然而，两派之间的矛盾并

---

① 马扎尔人是匈牙利人称呼自己的名字，其来源也很令人困惑。由于其来自中亚草原，很可能具有突厥血统。另外，马扎尔人的名字与东亚一样是姓在前名在后，这也可以作为其来源的一个证据。朱迪斯·本内特、沃伦·霍利斯特：《欧洲中世纪史》，杨宁等译，上海：上海社会科学院出版社，2007 年，第六章。

② 郝松枝：《全盘汉化与北魏王朝的速亡——北魏孝文帝改革的经验与教训》，《陕西师范大学学报（哲学社会科学版）》，2003 年第 1 期，第 73-77 页。

未缓和，反而更加激化，导致迁都之后 30 年爆发了北部六镇叛乱，北魏分裂。尽管出现这些变故，最终鲜卑族还是完全融合进了汉族。

契丹族的耶律阿保机对待汉族文化的态度与北魏鲜卑大不相同。公元 917 年，耶律阿保机建立辽国，建国伊始便宣称自己是炎帝后裔，继承的是唐朝法统。不仅建立孔庙，还设立科举，并且推行两院制：官分南北，北官以契丹之法治契丹人，南官以汉人之法治汉人。辽国贵族不仅不强调自己与汉民族的差异，还竭力与宋朝在文化上展开竞赛，争夺中华文化的正统地位①。在这一点上，数百年前东晋时期的前秦皇帝苻坚也有着类似的态度，当时前秦已经统一了中国北方，废除胡汉分治，推动民族融合，使饱受战乱的北方再度恢复生机。然而，中华文明的正统仍然掌握在僻居江南的东晋朝廷手中，前秦政权如果不能南逼东晋就无法获得其他少数民族的认同，进一步巩固氐族的地位。所以尽管准备仓促，前秦苻坚还是不顾风险和群臣反对，在公元 383 年发动了讨伐东晋的战争，希望尽快统一天下。天不遂人愿，淝水一战而败，前秦迅速灭亡，北方复又大乱②。其他如女真族建立的金王朝，蒙古族建立的元朝，乃至满族建立的清朝，如何对待汉族文化都是统治者的核心关切。

与汉文化的融合程度不仅影响少数民族是否能在中原立足，而且还影响到其国祚存续③。在东晋时期，刘渊所属匈奴部族早在东汉初年归顺内附，与汉文化接触最早，立国也最早。刘渊早年向汉人学者学习儒学，据说能背诵《左传》和《孙子兵法》。在晋武帝时期，已有不少儒生慕名来归。刘渊起兵之后更是追尊后主刘禅，以"汉"为国号。在当时五个立国的少数民族当中，鲜卑族与汉族融合程度最深，立国也最久④。鲜卑族与其他几个少数民族不同，并非单一从事游牧，也务农作。鲜卑族慕容氏的首领慕容廆曾被晋武帝授予鲜卑都督的职务，于晋惠帝初年迁居辽东时筑城而居，并且教部民农桑之法。慕容氏非常忠于晋朝，即使在晋怀帝已经被杀、西晋已经灭亡的情况下，仍然坚持接受东晋皇帝

---

① 傅海波、崔瑞德：《剑桥中国辽西夏金元史》，北京：中国社会科学出版社，1998 年；钱穆：《国史大纲》（修订本），北京：商务印书馆，1996 年，第 30 章。

② 李方：《前秦苻坚的中国观与民族观》，《西北民族研究》，2010 年第 1 期，第 61-70 页。

③ 钱穆：《国史大纲》（修订本），北京：商务印书馆，1996 年，第 15 章。

④ 邓乐群：《刘渊宗汉立国的历史评价》，《南通大学学报（社会科学版）》，2005 年第 4 期，第 114-119 页。

的命令。鲜卑民族的另外一支拓跋氏与慕容氏一样以前都是东汉时期的鲜卑首领檀石槐的部属，在氐族苻坚于公元 383 年淝水战败之后趁机而起，建立北魏，并在慕容氏衰落后于公元 398 年占领了整个黄河以北地区。直到公元 534 年分裂，北魏统治中国北方长达 130 多年。

对于少数民族文化与汉族文化的融合应持一种什么样的态度呢？首先需要明确的是，虽然今天在中国的人口当中，汉族人口占据了绝大多数，但如今的汉民族与当初的"华夏"族相比实际上已经发生了巨大的变化。今天的汉族本身是多个民族相互通婚、思想文化和生活习俗相互交融而形成的。在明确了这个前提条件之下，我们再来讨论历史上少数民族政权推广汉族文化与推行汉家制度的问题就可避免民族沙文主义造成的偏见。历史地看，首先这是一种必要的统治措施。由于缺少必要的社会管理组织经验，当少数民族占领大面积的汉族居住的领土之后，只能依靠汉族原有的统治方法才能进行有效的管理。这如同在西罗马帝国崩溃之后入主西欧的很多蛮族国王一样，因为连国王都无法识字，只能与基督教会合作，利用教士协助进行收税和发布命令等行政工作，而最终这些蛮族统统皈依了基督教①。

更进一步而言，历史上的少数民族政权推广汉族文化与推行汉家制度实际上是某种超越单纯政治考量的自发选择。如果说文化本质上是一种生活方式，那么与少数民族相比，岁月悠悠的汉族文化一直在这块土地上深耕细作，早已把生活的方方面面琢磨得如此通透和恰如其分，相当完美地适应了周围的自然条件和相应的生产方式。其他民族如果希望改变自己的生产方式，改变自己的生活环境，在这片土地上幸福地生存下去，汉族文化无疑提供了一种几乎无法拒绝的理想模板。推广汉族文化与推行汉家制度并不是某一个民族领袖随心所欲的权宜政治主张，一个民族最终与汉民族相互融合也同样不是政治领袖可以通过政治手段来武断地阻挡的。无论是物质生活或者精神生活，无论是社会伦理或者社会制度，都要能够满足人们的生存和发展要求。假如不能达到要求，那么这种文化就会出现危机，一旦不能及时得到解决，文化将衰落腐朽甚至消

---

① 朱迪斯·本内特、沃伦·霍利斯特：《欧洲中世纪史》，杨宁等译，上海：上海社会科学院出版社，2007 年，第 2 章。

亡。任何一种文化在其发展的进程中，不可避免会因不适应而发生衰败，有的文化能自我调整，通过注入新的现实因子而恢复活力，而那些无法及时实现自我更新的文化则会滑向消亡的深渊。如此而言，一个文化内在的生命力其实是其与时俱进地适应新环境的能力。

中华文明在近代遭遇到的前所未有的危机，实际上是来自新的生产方式的挑战。在新的生产方式之下，中华文明的模板在某些方面已经不再适应，如果不能通过自我调整而改变，恐怕就可能被外来的文明所同化，中华文明也同样将避免不了就此消亡的后果。令人感到欣慰的是，中华文明再一次表现出坚韧的吸纳特性和强大的革新能力，及时地完成了一次次自我改造，在忍受了100多年的屈辱之后渐渐重新焕发了青春。

美国：少年不识愁滋味

如果把中国的历史看成一首乐曲，那么这首乐曲很像《高山流水》，时而高亢嘹亮悲歌，时而低沉婉转呜咽，百转千回滋味难辨。相较而言，美国的历史可以用中国的另外一首传统乐曲来描述，那就是节奏明快的《步步高》。自从美国在 200 多年前立国，几乎如同音阶般一路而上，在短短 100 多年的时间里从最初的十几块英国殖民地到独立建国，最终逆袭成为世界霸主。虽然其中的原因很多，但不得不承认美国的运气的确不错。这种几乎直线快跑的历史经验，无形当中也塑造了美国的国家特性。

美国的独立战争发生在欧洲英法争霸的大背景之下，英法两国当时在北美都拥有大片的殖民地。英国的殖民地主要集中在东海岸，而法国的殖民地则是覆盖了东起哈德逊湾南到路易斯安那的广大中部地区。1756—1773 年，英国—普鲁士联盟与法国—奥地利联盟之间为争夺欧洲霸权和殖民地进行了长达七年的战争，法国战败，被迫将北美加拿大、密西西比河以东和俄亥俄河流域的殖民地割让给了英国。此外，英国从西班牙手中得到了佛罗里达。由于要填补巨额的战争亏空，英国决定调整殖民地政策，将之前宽松的仅限于商业性的规范性政策转向行政和军事控制，大幅提高北美殖民地的税收，这引起当地居民的普遍不满 [①]。1773 年，英政府颁布《茶税法》，目的是让东印度公司在北美倾销茶叶，垄断当地茶叶市场，为英国获取更多的商业利益，但这最终导致了以北美

---

① 王希：《原则与妥协：美国宪法中的精神与实践》，北京：北京大学出版社，2014 年，第 45 页。

殖民地波士顿倾茶事件为发端的武装反抗。起初，北美殖民地并未抱有独立建国的目标，殖民地代表准备向英国国王呈交请愿书，要求国王制止并纠正英国政府和殖民地管理部门的行为，而武装反抗的目的是希望能够引起英国国王的重视，从而实现与英国合并[①]。1775年开战之后，由于实力不足，北美民兵处境艰难，加上英国对北美进行全面海上封锁，殖民地经济异常困难。转机出现在三年之后，1778年2月法国公开承认北美独立，正式对英国宣战，西班牙也于1779年6月参加对英作战。1780年，俄国与普鲁士、丹麦、瑞典等国联合起来组织力量要打破英国的海上封锁，英国陷入孤立。这些国家支援北美是为了反对英国对海上贸易的垄断和对欧洲贸易的主宰，但对北美殖民地而言简直是天赐良机。国际形势的变化催生了北美殖民地独立建国。英国此时感到大势已去，只好在1783年在巴黎签订条约，承认美国独立，将阿巴拉契亚山脉和密西西比河之间的北起加拿大边界南至佛罗里达边界的土地划归美国。1787年美国在费城召开制宪会议，将最初的邦联国家改为联邦制国家，美利坚合众国正式成形[②]。

美国虽然建国成功，但很大程度上是幸运地依靠了外部助力，在国际上并没有赢得足够的世界地位和承认，其真正的立国之战是1812—1814年的第二次美英战争。1789年法国大革命之后，欧洲情势发生了显著变化。无论是法兰西第一共和国还是后来的法兰西第一帝国，都在欧洲大陆取得了压倒性的胜利。然而，英法之间的争斗仍然呈现白热化的状态。1805年的特拉法加尔海战中，法国和西班牙联合舰队惨败，失去了与英国海上争衡的力量。1806年，拿破仑皇帝颁发了《柏林敕令》，对英国进行大陆封锁政策，全面封锁英国的对外贸易。英国对此也采取了反制措施，没收执行《柏林敕令》的所有中立国的船只，要求往来敌国的中立国船只在英国指定的港口卸货，并且征收高额关税。英国虽然因为受到大陆封锁政策影响短时间内遭受了重大损失，但贸易战从来没有赢家，法国的封锁政策损害了其他大陆国家的利益，逐渐引起了各国的反对，参加大陆封锁的俄国也退出了与法国的联盟。法国和俄国为此反目，1812年拿破

---

① 李剑鸣：《英国的殖民地政策与北美独立运动的兴起》，《历史研究》，2002年第1期，第163-174页。

② 刘宗绪：《世界近代史》，北京：北京师范大学出版社，2004年。

仑入侵俄国先胜后败，最终在 1815 年饮恨滑铁卢 ①。

新生的美国在建国后一直受到英国的经济打压。英国一方面向美国大量倾销商品，另一方面通过关税壁垒打击美国的出口。美国国内经济凋零，社会动荡，甚至各殖民地之间爆发了军事冲突。1787 年在费城召开的制宪会议，其主要目的之一是为了解决联邦对各大商人和奴隶主所拖欠的债务问题，可见当时情况之艰难 ②。迫不得已之下，美国于 1794 年与英国签订了不平等的《杰伊条约》，以换取英国解除对美国对外贸易的限制。虽然付出了与法国交恶的代价，但美国在之后的数年中通过贸易积累了大量财富，国家经济渐有起色 ③。1806 年，英法两国的贸易封锁政策对美国无疑是当头一棒。作为中立国的美国与欧洲大陆有着密切的贸易往来。然而此时，英国凭借海军的优势，大量捕获美国商船，强行征用美国商船上的英国籍船员，英美矛盾日渐激化。与此同时，拿破仑为了争取美国，对美国免除了《柏林敕令》的限制，美国与法国再次共同对抗英国。其实在独立战争之后美国一直希望将英国势力彻底赶出北美，因而此时借口英国没有履行《巴黎条约》向美国转交加拿大地区而在 1812 年对英国宣战。美国的如意算盘是利用欧洲大陆激战正酣，英国无暇西顾，自己可以趁乱取胜。可是战事并不顺利，拖延未决，等到拿破仑遭遇莱比锡失败之后，英国腾出手来增兵北美，并与遭受殖民者屠杀的北美原住民结成联盟共同对美作战。英军立刻在陆地上占据了上风，1814 年 8 月攻入首都华盛顿，焚毁了总统府、国会大厦、

---

① 刘城晨、翟新：《战略调适与联盟瓦解：分化联盟的实践路径》，《世界经济与政治》，2016 年第 4 期，第 53-79 页。

② 参加会议共有 55 名代表，包括了 35 名奴隶主，其中 15 人还拥有大量种植园。有 40 人接受过法律方面的训练，超过一半的代表曾经或者正担任法官或律师。至少有 45 名代表持有国家债券，而当时的联邦政府没有征税权，因此无法对这些精英进行偿还。参见托马斯·戴伊等著：《民主的反讽：美国精英政治是如何运作的》，林朝辉译，北京：新华出版社，2016 年。

③ 美国对外贸易当中也包含对华贸易，特别是对华鸦片贸易。美国对华贩卖土耳其鸦片，并与英国的印度鸦片进行竞争，从而积累起了第一笔用于投入资本主义生产方式的财富。波士顿的贸易商们正是以此为契机，实现了资本家的梦想，其后代们更成为当代美国实际上的掌控者。参见 WBUR, *How Profits From Opium Shaped 19th-Century Boston*, 31 July 2017。

财政部和其他公共建筑 [1] 。

经过两年激烈的战争，美国占领加拿大的企图没有得逞，反而促使北美英属殖民地组成了加拿大联邦，但英国也没有取得决定性的胜利。美军虽然在陆地上处于劣势，但在多次海战中战胜了英军。作为世界最强海军，这不得不说是英国的耻辱。1814 年英美签署的《根特条约》，不仅意味着双方未来长时间的和平，更宣布了美国依靠自己的力量与当时拥有世界最强大军事力量之一的英国战成平手。美国终于通过武装斗争赢得了其他国家的尊重，从而奠定了大国的基础。这似乎是一个定律，可以与中国汉唐奠定大国地位的战争相互印证。恐怕当时没有任何一位美国的政治家或将军能够预见到，在大约一个半世纪之后，在地球另外一端遥远的朝鲜半岛上，美国还将以不同的角色参与另外一场类似的演出，这一次的对手是新生的中华人民共和国，美国届时将会如同此时的大英帝国一样成为一个新生国家的背景板。

欧洲长期的战争不仅促成了美国的独立建国，对东方也产生了深远的影响。巨额的战争经费造成各个国家财政困难和通货膨胀，而英国的情况特别严重。英国的税收潜力已经枯竭，只能大规模举债。国债规模从 1793 年的 2.28 亿英镑，上升到 1815 年的 8.76 亿英镑，每年的偿付金额从 1792 年的 1000 万英镑增至 1815 年的 3000 万英镑。当时英国 GDP 约为 4.8 亿英镑，债务额几乎为 GDP 总量的 2 倍。为了解决财政危机，英国采取的手段是扩大对华鸦片贸易，如此既可以增加税收，又可以扭转白银外流的局面，稳定货币价格 [2] 。19 世纪早期，单单鸦片税收一项就占到英国政府年收入的 10% 以上，在对华贸易历经数百年出超之后，英国终于通过国家性的有组织的武装贩毒实现了贸易入超。反观中国，自从宋元时期由于纸币出现恶性通货膨胀而被抛弃之后，明清两朝不得不转而实行银本位制度，绝对不能允许白银大量外流，所以强力禁止鸦片贸易。英国遂于 1840 年发动鸦片战争，中国社会从此跌进了近代 100 多年的屈辱

---

[1] 原本的总统府外墙是棕红色的，英军焚烧之后，麦迪逊总统于 9 月 1 日回到华盛顿，为了掩盖火烧的痕迹，才把外墙涂成白色。1902 年，西奥多·罗斯福总统将其正式命名为"白宫"。

[2] 特拉维斯·黑尼斯三世、弗兰克·萨奈罗：《鸦片战争——一个帝国的沉迷和另一个帝国的堕落》，周辉荣译，北京：生活·读书·新知三联书店，2005 年。

岁月 ①。

美国在第二次美英战争之后的发展几乎是一帆风顺的，而美国的内战是此后本土爆发的唯一战争。美国内战的国际背景是 19 世纪 60 年代风行的自由贸易浪潮，如果考虑到当时殖民世界的覆盖范围，这波自由贸易进程实际上是当时的一次经济全球化。英国作为首发的工业革命国家主导了这一次全球化。由于掌握了最先进的工业化生产技术和拥有强大的军事力量，英国可以在全球市场倾销工业产品，要求欠发达国家将廉价的食品和原料源源不断地运进英国，用销售收入换取英国的工业品。当时的英国几乎已经没有了农民，绝大多数的农产品都依赖进口。而其他国家在这个经济秩序中虽然受到剥削，但依然能够在贸易扩大中受益，并可以通过与英国的贸易获得先进的设备和技术，因此很大程度上服从这种经济秩序安排。英国毫无疑问是当时全球化的最大受益者，但英国在输出技术的同时也培养了潜在的竞争对手，其中一个是美国，另一个是德意志 ②。

19 世纪 60 年代的美国经过了数十年的发展，早已不是建国之初那般弱小。1814 年英美签署《根特条约》之后，美国通过 1819 年对西班牙的战争夺取了佛罗里达，通过 1846 年对墨西哥的战争获得了包括加利福尼亚在内的大约 230 万平方公里的墨西哥领土，1853 年美国把国境线推至太平洋沿岸，国土面积达到了 785 万平方公里。从建国开始，美国在 80 年之内将国土向外拓展了 10 倍。除了土地面积的增加，1790—1860 年之间有至少 500 万外来移民来到美国，这使得美国的确可以称为广土众民的大国了 ③。然而，美国国力虽蒸蒸日上，但面对英国主导的全球化，国内南方与北方产生了严重的分歧。

---

① 中国明清以来是否真的实行"闭关锁国"的政策，学界一直存在争论。实际上，明清两朝在大多数时间内都未实行"禁海"措施，而且即使禁海也兼有防备倭寇和海盗侵扰以及打击走私的原因。中国对外贸易不论是海上还是陆上一直非常兴旺，与周边国家的外交活动保持了非常活跃的状态。在此意义之上，中国并不存在"闭关锁国"的情况。"中国闭关锁国"的说法是企图打开中国市场的英国商人提出的，今天看来并不完全符合事实。参见罗威廉：《哈佛中国史 最后的中华帝国：大清》，李仁渊等译，北京：中信出版社，2016 年。

② 艾瑞克·霍布斯鲍姆：《革命的年代：1789—1848》，王章辉等译，北京：中信出版社，2017 年，第 9 章。

③ 许倬云：《许倬云说美国》，上海：上海三联书店，2020 年，第 2-4 章。

南方强烈支持全球化。南方七个州都是农业州，主要的经济形式是大型的庄园，使用大批奴隶进行生产，主要的产品是为英国的纺织业提供的棉花等原材料。而北方的经济模式是以工商业为主，受到英国出口产品竞争的严峻挑战。为了保护自己的产业利益，北方各州主张提高关税，实行贸易保护主义。随着美国西部的开发，不断有新形成的州加入联邦，这引发了南北双方另一个重大分歧。南北双方政治上势均力敌，对于西部开发而新形成的州展开了激烈的争夺。南方各州要求新成立的州可自由选择是否采取奴隶制并拥有更大的自治权，这遭到了北方各州的坚决反对。1854 年共和党成立，极力主张反对奴隶制度。1860 年来自中西部伊利诺伊州的议员亚伯拉罕·林肯当选总统，成为美国历史上第一位共和党总统。南方各州认为在政治妥协上已经没有希望，决定集体脱离联邦。这是北方无法容忍的，如果南方退出联邦，不仅会大大削弱国家的实力，还会对北方的工商业发展造成致命的打击。一旦国家分裂，美国将不得不再次向英国屈服，成为英国的附庸，美国独立战争和后来几十年的努力就前功尽弃了[①]。

与南方的分离主义不同，林肯领导的北方各州的目标是坚决维持联邦统一，把整个联邦导向北方的发展道路。一方要退出，另一方坚决反对，围绕国家根本体制产生的矛盾已无法弥合，只有诉诸武力了。双方经济实力相差悬殊，尽管战局几经波折，北方最终取得了内战胜利。美国内战本质上是一场发展道路的争执，北方不情愿在英国制定的经济秩序之下继续充当廉价的原料供应者和商品倾销地，决定自强发展，走出自己的工业强国之路。而南方各州精英愿意继续充当英国工业的原料提供者，在英国的庇护之下享受安逸的生活。值得一提的是，"奴隶解放"其实与这场战争的本质并没有太大关系。北方高调宣称解放奴隶，无非是希望通过这种方式瓦解南方的经济，是动摇南方统治基础的一种手段罢了。因此，战争结束不久，北方军队从南方撤军，而南方又重新落入种族主义者的手中，解放黑奴的主张在南方各州并没有得到实际

[①] 艾瑞克·霍布斯鲍姆：《资本的年代：1848—1875》，张晓华等译，北京：中信出版社，2017 年，第 8 章。

执行[①]。

在南北战争结束之后直到第一次世界大战之前，美国对外采取了强烈的贸易保护主义政策。具体而言，1913 年世界主要工业国家的关税水平中，主导全球化的英国其平均关税最低，几乎为零，荷兰为 4%，德国为 13%，法国为 20%，美国则是 30%。而在此之前的历年当中，美国的关税水平则依次为 1890年 49.5%、1894 年 39.9%、1897 年 57%、1909 年 38%[②]。由此可见，主导全球化的经济体是体系最大的获利者，自由贸易对于主导者是有利的，英国才愿意对外实行零关税。相反，处于发展上升阶段的工业国家需要对本国产业进行保护，避免在尚未形成与外国企业进行对等竞争的能力之前被摧毁。事实说明，美国自己也是如此走过来的，不可能不明白其中的道理和秘密。

经过内战整合的美国进入了一个近乎癫狂的发展阶段。当时的美国社会实行的是对市场几乎完全没有任何限制和管理的放任自由主义经济模式，政府简直形同虚设。富人和大企业可以合法地拥有自己的军队（人数几乎没有法律限制），还可以拥有自己的法庭甚至监狱。美国国内私刑泛滥特别是在涉及黑人和印第安人的时候尤其严重，这种情形甚至到了 20 世纪 60 年代在美国南部还时有发生[③]。美国这个时期所推行的自由主义经济，就放任程度而言在人类历史上从未出现过，虽然迅速地提高了美国的国力，但也造成了严重的社会问题。不但贪污遍地，欺诈横行，而且财富以令人难以相信的速度迅速地向少数人集中，形成大范围垄断，社会信誉体系几近完全坍塌。在彼时美国人的观念当中没有道德只有财富，反映到社会伦理当中就是"丛林法则"。英国哲学家斯宾塞的"社会达尔文主义"在欧洲受到了来自各方的批判，在美国却被奉为经典。美国社会

---

① 北方精英主要是工商业者，废除奴隶与他们的利益关系不大。北方希望新加入联邦的西部各州实行小农经济，为东北部工业地区提供粮食和市场。南方则希望西部各州实行奴隶制和大种植园经济，继续为英国提供棉花等原材料。美国内战于 1861 年 4 月爆发，直到 1862 年 9 月林肯才发布《解放奴隶宣言》。林肯这样做有可能使战争被界定为解放奴隶，从而淡化南北发展道路之争，避免英国势力的介入。因此，《解放奴隶宣言》与其说是一个响应人民诉求的革命檄文，还不如说是一份政治家精细打算的政治计谋。

② 艾瑞克·霍布斯鲍姆：《帝国的年代：1875—1914》，贾士蘅译，北京：中信出版社，2017年，第 2 章。

③ 艾瑞克·霍布斯鲍姆：《资本的年代：1848—1875》，张晓华等译，北京：中信出版社，2017 年，第 8 章。

高喊着"优胜劣汰强者生存"的口号，伴随着横跨国土东西的太平洋大铁路上一列列火车汽笛的尖锐嘶鸣冲进了20世纪——一个将属于美国的世纪①。

如果让每个国家绘制一幅关于20世纪的图画，十有八九会以阴沉灰暗甚至死寂的黑色为基调。而唯有美国与众不同，美国大约是唯一对20世纪整体上拥有美好回忆的国家。正是在这个世纪里，世界经历了两次空前惨烈的大战，美国却一步步地积累实力，最终成为世界第一强国。

1894年，中国的北洋舰队于甲午海战中全军倾覆的那一年，美国登上了世界最大经济体的宝座。早在1823年，美国总统为了维护美国的利益，曾经要求欧洲列强停止在西半球争夺殖民地，这就是著名的"门罗主义"。可是由于当时美国孱弱的实力，在国际上基本无人对此真正理会。时过境迁，数十年之后美国旧事重提，只不过"门罗主义"已被一个称作"罗斯福推论"的新版本所代替。1895年，委内瑞拉和英属圭亚那发生冲突，美国时任国务卿对当时还是全球公认的第一强国的大英帝国发出了警告，"今日的美国对于整个美洲大陆都享有主权，美国的命令在此就是法律"②。1904年，美国总统西奥多·罗斯福公开宣称："在西半球各国的国内事务出现了错误和无能为力的情况下，美国享有采取先发制人的措施进行纠正的权力。"为此，罗斯福还辩称，"美国希望其周边国家稳定、有序而繁荣，他们可以毫无保留地将这些寄托在美国全心全意的友谊之上"③。这番说辞听上去极其动听感人，可是100多年过去了，当特朗普总统看到那些加勒比海国家的大批民众为了逃离国内悲惨的境况而穿过墨西哥艰难地涌向美国边境的时候，除了修墙之外不知他是否还记得美利坚合众国昔日的美丽承诺。同样，在拜登执掌的政府之下，美国边境骑警驱赶移民时呼呼作响的皮鞭，不知是不是对百年之前美国承诺的反讽回应。

随着实力倍增，美国已经不甘心蜷伏在西半球，昔日的殖民地也迈开了对外殖民化的脚步。1898年4月，美国与西班牙爆发战争。四个月后西班牙战败，

---

① 关于美国火车的隐喻，可以参见亨利·梭罗：《瓦尔登湖》，徐迟等译，北京：中国宇航出版社，2016年。

② 罗荣渠：《门罗主义的起源和实质——美国早期扩张主义思想的发展》，《历史研究》，1963年第6期，第99-116页。

③ Henry Kissinger, *World Order*, London: Penguin Books, 2015, Chapter 7.

当年年底双方签订协议。西班牙将关岛和波多黎各割让给美国，同时将菲律宾群岛的主权也转让给美国。1904 年，美国在哥伦比亚联邦煽动叛乱，策动巴拿马退出联邦而独立，并以 1000 万美元的价格获得了巴拿马运河区的永久租约，开始开凿运河（大批中国广东劳工参与了建设）。巴拿马运河于 1914 年通航，而运河地区实际上成了巴拿马的国中之国，美国在此长期驻军，运河的经营权长期控制在美国手中[①]。1905 年，美国更是借口调停日俄战争而把影响力进一步扩展到东亚和东北亚。

虽然美国的势力不断增长，但是在正常条件下要想超过大英帝国成为世界霸主仍然需要相当长的时间，并将会面临异常艰难的压力考验。作为老牌的殖民主义帝国，英国在 20 世纪初无论在军事实力、政治手腕还是国际影响力方面都依然远远领先美国。然而造化弄人，1914 年和 1939 年相继爆发了世界大战，这两次世界大战无疑是人类的浩劫，对于美国而言却有着非凡的意义。大英帝国跌落神坛，美国根本未曾直接面对来自英国的敌意就轻巧地夺下了王冠。在两次世界大战后，欧洲诸强无论是战胜国还是战败国实际上都输得精光，而美国因大发战争财而赚得盆满钵满。借助地理条件的优势，在两次战争中美国参战前通过与交战双方进行贸易而获得丰厚的利润，并不急于宣示阵营，更不急于参战，为的是巨额的商业利益（同样，瑞士和瑞典也是通过与交战双方进行贸易而获得丰厚利润[②]）。比如，第一次世界大战爆发 3 年之后，直到德国施行的"无限制潜艇战"严重影响了美国的商业，美国才加入协约国一方。第二次世界大战爆发之后，美国一直与德国保持正常的外交关系，甚至承认纳粹的傀

---

① 1977 年，巴拿马军政府领导人与美国总统吉米·卡特签订了新的巴拿马运河条约，要求美国逐步归还运河管理权，并于 1999 年年底之前撤出驻军。1986 年，军人诺列加上台执政，要求美国履行条约。随后美国对巴拿马发动经济制裁并进行颠覆活动。1988 年，美国起诉巴拿马总统诺列加为毒贩，并于 1989 年 12 月 20 日出兵巴拿马，抓捕诺列加到美国受审，判处有期徒刑 40 年。直至 1999 年 12 月 31 日巴拿马才从美国手中正式全面接管巴拿马运河。

② 瑞士和瑞典两个国家原本在欧洲并非富裕国家，正是在"二战"期间保持中立，与交战双方都从事贸易活动，从而一跃成为欧洲发达国家。瑞典大规模向德国提供铁矿石，允许德国穿越瑞典国土进行运输和军事调动。瑞士则在战争期间为德国进行金融服务，变现德国掠夺的犹太人财富，将德国的黄金兑换成当时的国际流通货币——瑞士法郎。瑞士还为德国制造大量精密设备，为此在战后支付了巨额罚款投入欧洲重建工作。参见托尼·朱特：《战后欧洲史》卷一，林骧华等译，北京：中信出版社，2014 年。

偏维希法国。直到 1941 年太平洋战争爆发，德国首先向美国宣战之后，美国才加入同盟国作战。"二战"当中，美国在欧洲一直维持与德国的规模贸易，在亚洲也一直向日本提供大量的钢铁和石油等战略物资，直到太平洋战争爆发才停止。有学者指出，"九一八"事变发生之后，美国向日本出口了大量的原材料，美国提供的战略物资甚至超过了日本战略物资总量的一半以上[①]。除了战略物资之外，美国还大量向日本出售军火，可以说如果没有美国的支持，日本根本无法在中国战场坚持下去。

战争结束后美国要求交战国偿还战争贷款，这进一步削弱了欧洲各个强国的实力，使其牢牢地占据了世界第一经济强国的宝座。第一次世界大战刚刚结束，美国要求战胜的协约国偿还巨额的战争借款。筋疲力尽的协约国只好转身拼命压榨战败的德国，不仅占领德国的工业中心，还对从德国进口的货物课以重税。法国占领了德国的主要煤炭产地鲁尔，企图煽动经济发达的莱茵兰地区独立。在 1919 年《凡尔赛和约》签订之后，协约国要求德国每年至少交出价值320 亿马克的现金或者资产作为赔偿。对比一下 1815 年《维也纳条约》中对于战败的法国的处置措施，可见这个条件是多么苛刻。有研究据此认为，1933 年希特勒通过选举而执掌德国政权似乎也并不那么令人意外[②]。类似的情况在第二次世界大战之后再次上演。美国取消了"租借"协议，要求当时遍体鳞伤的英法等国偿还战争借款。为了重新获得当时具有国际购买力的美元，英国被迫放弃了对海外自治领地的帝国统治，放弃对贸易的控制，并将英镑开放自由兑换，美国从而事实上控制了英国的货币。法国则无奈放弃了对美国的进口配额限制，允许美国产品自由进入法国市场。美国由此实际上控制了英法两国的经济命脉。只不过这一次美国没有"竭泽而渔"，而是执行了"马歇尔计划"，以避免将脆弱而愤怒的西欧推向苏联，当然也是为了能够促进西欧经济尽快恢复，以能够购买更多的美国商品[③]。

通过在两次世界大战中大发战争财，美国毫无争议地成为世界头号强国。

---

① 杨晓杰:《二战前美国对日本实行绥靖政策主要原因再思考》,《探求》,2009 年第 3 期,
　第 25-31 页。
② 托尼·朱特:《战后欧洲史》卷一,林骧华等译,北京:中信出版社,2014 年,第 3 章。
③ 同上。

第一次世界大战之后，美国从资本净输入国变成净输出国，掌握了世界黄金储备的一半以上，世界金融中心从伦敦转移到了纽约。第二次世界大战之后，美元成为世界主导货币。1945 年，美国 GDP 全球占比超过 50%，钢铁产量占比超过 60%，石油产量占比超过 70%，并长期保持一骑绝尘的局面。即使在苏联最强盛的 20 世纪 70 年代，其 GDP 也仅为美国的 60%。日本在经济最为繁荣的时候，其 GDP 也仅仅达到美国的 70%，在 1985 年受到美国打压而签署《广场协议》之后，日本经历了数十年的蹉跎，到如今日本的 GDP 仅相当于美国的大约四分之一 ①。在美国倡导下建立的联合国、国际货币基金组织和世界银行，直到今天仍然是核心的权威国际组织，再加上美元在全球货币体系中的霸权地位和美国强大的军事力量以及超强的科技实力，无一不昭示着美国的确拥有 20 世纪的王冠。

---

① 肖河、潘蓉:《大国竞争视角下的日美贸易冲突——对"广场协议叙事"的再审视》,《日本学刊》, 2021 年第 1 期, 第 141 页。

美国下象棋，中国下围棋

　　中国和美国的历史经验是如此相异，因此也造就了两个国家差异明显的国际观念、外交理念及外交风格。亨利·基辛格曾经在他的著作中把中国的思维方式比喻成下围棋，而美国的方式则是下国际象棋[①]。

　　对于一个围棋高手来说，每一步的选择必然存在优点和缺点，都会有潜在的收益和损失。如果是棋逢对手，那么不能期望着在斗争中获得压倒性的胜利，而需要在各种利益和损失之间仔细权衡，不拘泥于局部的得失以便从整体战略的角度来看待具体问题。围棋其实是一种平衡的艺术，最终获胜者是平衡掌握得更好的一方。而对于国际象棋就不同了，获胜的目标非常明确，就是针对对方的"王"。如果把围棋比喻成战争，那么国际象棋更像一场战役或战斗。

　　今天的美国在对待国际问题的基本态度上与其他各国存在着一个根本的分歧。事实上，世界各国都认同这个世界存在着非常严重的问题，如同染上了癌症非要解决不可。但是应该采取哪种治疗方法呢？美国认为应该动用各种手段进行全面的"大手术"，彻底根除隐患。而其他国家则更倾向于保守治疗，因为担心"手术"可能直接导致患者猝死。之所以会出现这种分歧，其根源恰恰就是美国独特的自然条件和历史经验。

　　单纯从安全角度而言，美国的地理位置是得天独厚的。美国人甚至自认为美国是一片"上帝祝福过的领土"，不仅周围没有任何能够与之匹敌的邻国，而且东西两面与其他的强国之间分别横亘着浩瀚的大西洋和太平洋，是天然的地

---

① Henry Kissinger, *On China*, London: The Penguin Press, 2011, Chapter 1.

理屏障。在美国从初建到发展壮大的过程中，世界局势的焦点一直是欧洲诸强争霸，美国只要谨守中立，就能凭借远离交战中心而轻松置身事外，甚至还可以坐收渔利。战争不仅给美国带来了巨大的商业机会，更是为美国输送了来自欧洲的一大批顶级的精英人才。"二战"期间美国作为"世外桃源"网罗了数以百计的尖端科学家，进一步提升了国家的综合国力。

从历史事实来看，自 1776 年独立战争计起，美国仅仅用了一百多年就成为世界第一经济强国，并在多次的对外战争中几无败绩，人员损失相对也非常有限。第一次世界大战，美军阵亡人数不足 12 万，而英国、法国和德国的阵亡人数分别是 88 万、140 万和 200 多万。第二次世界大战中，美军阵亡约 40 万，日本约 200 万，中国约 380 万，德国约 550 万，而苏联则超过 1000 万。在朝鲜战争中美军阵亡 5 万，在失败的越南战争中美军阵亡也只有 6 万。平民死亡方面，在第二次世界大战中英国平民死亡 7 万，法国 27 万、德国 180 万、波兰 550 万、苏联超过 1200 万，中国更是超过 2000 万，而两次世界大战中美国平民死亡总数不到 2000[①]。战争带来的不仅仅是死亡，还有更加残酷和深重的破坏力，然而这些磨难美国人都不曾遭受。这或许可以解释为何在当今世界，只有美国才对战争和暴力怀有一种与众不同的偏爱和痴迷。美国迷信"大棒政策"，在军事、经济、政治各方面崇尚封锁、制裁和打压，恐怕都可以理解为是某种历史经验缺乏所导致的不成熟。没有经历过烧伤，所以热衷于玩火。2001 年的"9·11"事件导致美国直接人员损失 3000 人左右，全国因此陷入震惊，甚至从此改变了美国人的生活方式。而在欧洲，恐怖主义在"二战"之后早已经造成了成千上万的人员损失，可美国对此从不在意。此次新冠疫情横扫全球，对于美国社会的承受能力是一次考验。截至 2023 年 3 月 28 日，根据世界卫生组织官方网站数据，美国新冠疫情累计死亡超过 111 万，这就是美国交出的答卷。

对照美国那种出生就含着金汤匙一般的处境，中国的故事则充满了跌宕与纠结。中国周围永远也不缺乏强大的邻居和对手，有时候还不止一个。与美国步步高升的节奏不同，中国人在历史的波浪中经历了反复颠簸。是非成败转头化为浮云，荣耀辉煌俯仰已成陈迹。起起落落之后，深刻的教训告诫中国人，

---

① 托尼·朱特：《事实改变之后》，陶小路译，北京：中信出版社，2018 年。

强盛之时也知武勇不足恃，弱败之际仍要坚韧以自守。中国人未必天生就带有和平的基因，只不过是数千年胜败荣枯的教训总结罢了。或有人言"中国人具有无与伦比的历史的耐心"，这实际上可能并非一种天生的优点，而更多是出自无奈。中国人面对重大难题时，很少会执着地寻找一种简洁的解决方案，而是认为任何一种解决方案都存在缺陷，即使能够解决眼前的问题也必然会引发新的问题。就如同下围棋一样，每一步棋都是取与舍之间的精心平衡，并不存在完美无缺的绝妙选择。

就如同参加一场达喀尔拉力赛，美国是第一次参赛，赛车比别的选手性能好，而且其他选手因长期参赛而疲惫不堪。刚跑完了第一个公路赛段，美国毫无争议地以明显的优势获得了赛段冠军，于是自认为驾驶技术一流而且领航员优秀，喋喋不休地评论起其他的参赛选手来，嘲笑他们操作粗糙不辨方向。而其他选手对此则只是冷眼相向，默不作声。可能美国不知道今天的公路赛段只不过是热身，未来还要面对无数更加艰难的考验，不仅有沙丘、泥浆，还有草丛、岩石和沙漠。当然，他可能也忘记了在他所嘲笑的车手当中，不但包括上届冠军，还有在这场最艰难的比赛中曾经数次夺冠的选手。他不可能知道，因为他还太年轻。

美国常常抱怨中国抱有一种奇特的文化优越感。1863 年，清朝同治皇帝曾通过美国驻中国公使转交了一封给亚拉伯罕·林肯总统的回函，申明两国的友好关系。在这封信中，中国皇帝仍然自称是接受天命而管理天下的统治者，表示中国对于所有外邦一律推诚相待并不稍加歧视[1]。考虑到当时的清政府已经接连遭遇两次鸦片战争的失败，而遍及大半个中国的太平天国运动还尚未平息，这种自信的确令美国人迷惑。事实上，美国也同样存在自己的文化优越感，只不过两种优越感各自的来源不同。美国的文化优越感来自近两百年来的国力日益强盛，由对外战争不断胜利积累而成。中国的文化优越感却在于两千多年以来，无论国力是否强大，即使是武力上暂时屈服，而最终在文化上是胜利者。与此同时，中国也困惑于美国如此执着地对外输出自己的政治制度和价值体系。在中国哲学看来，如果你的文化更加发达，制度更加优越，其他落后的国家自然

---

① Henry Kissinger, *World Order*, London: Pengiun Books, 2015, Chapter 6.

而然会主动向你学习，所谓"怀远以德""礼闻来学，不闻往教"，根本不必要主动去改变别的国家。反之，美国则对于中国势力强盛时不积极对外扩张感到难以理解，至今西方学者仍然对于郑和下西洋的真正目的众说不一，认定一旦中国强盛，向外扩张是无法避免的，最终会导致中美之间的直接冲突①。这些相互之间的难以理解体现出双方在基本政治理念上的差异，可能需要从彼此的哲学根源出发才能找到原因以及沟通的方式。

---

① 无论是提出"修昔底德陷阱"的哈佛大学学者格雷厄姆·艾利森教授，还是竭力鼓吹中国要尊重美国霸权地位的芝加哥大学学者米尔斯海默教授，都持此观点，本质上是为了维护美国的全球霸权服务。

"天"各一方

——中美的传统政治哲学

我们的生活当中经常充满了自己无法意识到的各种误解，表达者想传达的所指意思与接收者接收到的能指信息之间有时会出现严重的偏差。造成这一结果的因素非常复杂，不同的性格、不同的经历、不同的语境，甚至不同时刻的心情都可能造成误解。朋友可能因为误解而反目，情侣可能因为误解而分手，国家之间则可能因为误解而导致对立甚至引发战争[1]。

大国之间相处，彼此了解对方的战略意图是非常关键的，收集信息固然必要，但是对于信息的有效解读更为关键。如果在这个环节发生偏差，造成误判，往往是致命的。然而，人们在进行信号分析和处理的时候往往不自觉地采用"以己度人"的经验方式，或按照自己的文化思维方式来推断对方的意图，当双方的思维方式和价值体系存在明显差异的时候，这就会有很大概率导致严重误读。因此，需要站在对方的角度用对方的思维逻辑来进行思考和理解，这对于避免误解来说是非常必要的，而深入了解对方的价值观念和思维模式，则是完成这个任务的必要前提。解读价值观念和思维模式的密码实际上深深地隐藏在一个国家或者一个民族的哲学、政治和文化传统当中。正是因为在这些方面存在着如此巨大的差异，东方与西方之间在很多情况下彼此难以相互理解就丝毫不令人惊讶了。

---

[1] 从国际政治的微观层次研究出发，政治学者杰维斯教授指出了把对方想象成为一个内部团结一致令行禁止的行为体、决策者过高估计自己的影响力和被影响程度、愿望思维、认知失调等四种代表性的错误知觉表现，并讨论了认知相符现象、诱发定式、历史包袱等错误知觉的产生机制。罗伯特·杰维斯：《国际政治中的知觉与错误知觉》，秦亚青译，北京：世界知识出版社，2003年。

东方西方互不相知

中国历来被西方认为是一个"谜"一样的国度，思想文化的基本观念不但与西方大相径庭，作为文化载体的语言体系与其他国家更是截然不同[①]。就历史而言，东西之间的文化交流在近代之前并不充分，西方社会对中国的认知也相当粗略。广为人知的马可·波罗是否真的来过中国其实仍旧是一个未确认之说，有确切记载的是明朝时来华的意大利传教士利玛窦，他不仅与徐光启共同翻译古希腊数学家欧几里得的著作《几何原本》的前六卷，还把中国的"四书"翻译成了拉丁文，并且传回了意大利[②]。这可能是西方知识界第一次系统性地接触到中国的政治哲学思想，而且在一定程度上影响了 18 世纪的欧洲启蒙主义思想家伏尔泰和孟德斯鸠[③]。在此之后，明朝末年天主教耶稣会的意大利传教士卫匡国在中国生活多年，一生写了好几部关于中国的著作，为西方了解认识中国提供了宝贵的资料，其中最值得注意的是《汉语语法》。这些著作在当时的西方并没有引起广泛的重视，随着近代西方的崛起和中国的衰落，西方的学者也就自然而然地更加忽视中国的思想和文化，而简单地将其当作陈旧落后的非现代

---

① 拼音文字使用的字符只有与语音相关的"音符"，比如英文 26 个字母，这些字母组成词之后相互之间只有语音上的联系。而汉字除了"音符"之外，还有代表词的意义的"意符"和与语音、词义都没有联系的"记号"。比如，象形字和会意字是"意符"，而数字一、二、三是"记号"。参见裘锡圭:《文字学概要》修订版，北京:商务印书馆，2013 年，第二章。
② 参见利玛窦:《利玛窦书信集》，文铮译，北京:商务印书馆，2018 年。
③ 两者生活的年代正是中国清王朝的康熙、雍正、乾隆时代，孟德斯鸠批判中国的君主制度是独裁体制，而伏尔泰反驳孟德斯鸠关于中国政治体制的观点。后者将中国看成一种开明君主制度的典范，并在著作《风俗论》中对孔子推崇备至，认为中国儒家思想正是欧洲所需的社会伦理榜样，当然这其中包含因为不够了解而产生的理想化的成分。

化代表加以批判，这也就难怪 19 世纪的德国哲学家黑格尔就作出了"中国无学问"的武断之论①。

在如何看待中国悠久历史这一问题上，西方学者普遍认为中国社会长期以来一直是原地踏步没有真正的社会进展。孟德斯鸠曾说："法律、风俗习惯甚至那些看来无关紧要的习惯，如衣服的式样也和一千年前相同。"②黑格尔则认为："中国从本质上看是没有历史的，它只是君主覆灭的一再重复而已。任何进步都不可能从中而生。"③事实上，不仅仅是西方学者，近代以来连中国的知识分子也大多持此看法，大都在批判中国的传统文化行将就木，主张全盘西化，即使到了 21 世纪的今天，这种观点依然不乏支持者。

尽管中国是人类历史上四大文明古国中唯一文明未曾中断的国家，但近代以来一直被当成一个古代的标本和过时衰落的象征。西方学者普遍认为，既然中国自身的思想传统早已腐朽而应当抛弃，那么 1949 年成立的新中国必然是一切都照抄苏联模式，无论是思想文化还是政治制度，都只能是苏联的某种复制品而已。依据这种观念，当 1991 年苏联解体的时候，西方思想界几乎异口同声地认为中国只有两种选择：要么改弦更张，全面效仿西方道路；要么与苏联的命运一样，成为一种失败模式的殉葬品④。这种结论按照西方对于中国的理解来看是如此顺理成章而无可辩驳，因此当近年来中国开始走上一条西方意料之外的发展路径并阔步向前的时候，巨大的疑惑和不解伴随着某种对于未知的不安、恐惧甚至仇视在西方逐渐蔓延开来。

令西方精英最难以理解的文化之谜是，中国在崇尚无神论的情况下如何能一直保持自身的独立，持续地维持着国家的统一和文化的传承。有些西方学者通过对儒学进行研究，希望从中找到某种线索。然而，这些研究基本上囿于中国的社会结构、管理体系和各种基本制度，而甚少能深入到其背后深刻的政治理念和哲学思想。实际上，西方学者的研究当中存在一个隐含的无法言明的假定，

① 黑格尔：《哲学史讲演录（第一卷）：导言、东方哲学、希腊哲学》，贺麟等译，北京：商务印书馆，1959 年。
② 孟德斯鸠：《论法的精神》，申林译，北京：北京出版社，2015 年。
③ 黑格尔：《哲学史讲演录（第一卷）：导言、东方哲学、希腊哲学》，贺麟等译，北京：商务印书馆，1959 年。
④ 李慎明：《居安思危：苏共亡党二十年的思考》，北京：社会科学文献出版社，2011 年。

即希望在儒学当中找出与西方基督教信仰的某种类似，如此就可以将中国的历史演进也用某种西方熟悉的宗教信仰进行解读，如此就可以避免一个困扰西方思想界的挑战——在基督诞生之前，中华文明早已绵延繁荣千年以上这个事实。所以在改革开放之后的一段时间里，在西方经常会出现把"儒学"称为"儒教"的说法，虽然心情上可以理解，但实在是有些牵强附会了。

　　西方学者往往对于体制问题格外重视，体现出西方自以为是的政治理念和传统[①]。然而，如果仅仅停留在体制层面，就无法解释今天中国正在快速复兴的事实。正如英国历史学家霍布斯鲍姆的发问："中国的文化传统，到底对中国人有何帮助，使其能够无论在哪一种社会之下，都对经济发展产生动力？"[②]

[①] 美国对于"体制"问题尤其关注，因为美国的体制完全是由法律文书构建而成的，整个政府的架构体系是建国初期的一些精英人士通过讨论协商后形成制度而实行的，政治制度几乎是美国国家存在和身份认同的唯一保障。

[②] 艾瑞克·霍布斯鲍姆：《极端的年代：1914—1991》，郑明萱译，北京：中信出版社，2017年，第 584 页。

中国的哲学要义和政治传统

要想将中国的思想文化与西方进行系统的对比分析，无疑超出了笔者的能力，也绝不可能是如此这样一本小书所能覆盖的。因此，只能在笔者认为关键的几个问题上点到为止。

首要问题是中国为什么没有出现如同西方那样曾经主导社会的宗教信仰。这需要追溯到上古时代。在人类早期，无论东方还是西方都曾经历过从物质崇拜转向图腾崇拜的过程，也就是从万物有灵和崇拜万物逐渐进入血缘崇拜和祖先崇拜阶段。图腾可以是动物，也可以是植物，甚至可以不是生命体，它们实质上象征着部族共同的血缘传统，代表祖先可以保佑本族群。中国可能就是在祖先崇拜的阶段开始走上一条与西方不同的思想道路，甚至是一条在所有古代文明当中独一无二的、与宗教信仰不同的道路。世界上各个族群大都崇拜本族当中某一方面能力强大者，比如力量大、速度快、投掷远、跳跃高等，即使这些人已经去世也仍然被当成族群的保护神。在西方，这种能力被无限夸张，族群英雄遂演变成为神祇，脱离了人的范畴而上升到高高在上的天国，就如同古希腊的奥林匹亚诸神一般。神与神之间的关系构成了神谱，神界其实体现着人类社会秩序的最高理想或映射。由此，宗教摆脱了祖先崇拜而进入下一个阶段——神鬼崇拜[1]。

恰恰在这个关口，中国的情况则大不相同。中国古代神话中的伏羲、燧人、神农是部落首领，并在某一方面居功至伟，但这些强大的祖先在中国并没有因

---

① 赵林：《西方宗教文化》，武汉：武汉大学出版社，2005年。

为被崇拜而演变成为超越人类的神祇，仍然保留了人的特性。这或许是因为中国宗法制度特别发达，祖先在宗法制度下的地位其实与神祇无异。因而，中国的古代宗教当中并未产生一个超越世俗的诸神，不存在所谓"神界"，现实社会的秩序建构和维持也就不需要对照神界的秩序来模仿①。

宗教可以看成对于特定宇宙秩序的无怀疑信仰，而哲学则是对这种宇宙秩序的理性解释。起初二者是混在一起的，之后随着这种解释的日渐精细化，哲学和宗教才逐渐分离。中国与西方在宇宙秩序的基本看法上是不同的，宗教和哲学自然也分道扬镳了。西方社会秩序的原则是外化的，完全来自超越人类的神，而中国社会秩序的原则是完全内化的，并没有超越人类本身的存在，因此一切社会问题都需要在人世间解决，也只能依靠人类本身的能力和知识来解决。这是中国与西方文化的最初分野，在此之后哲学、政治等诸方面的明显差异都由此衍生②。

欲了解中国思想文化的源流，先秦诸子是一个有益的基本出发点。中国两千年以来的各种思想观念和政治传统均可以在先秦诸子的论述当中找到出处和渊源。先秦诸子无论哪家哪派其实皆出自"王官之学"，也就是说各家秉承的都是之前的古代宗教和原始哲学。各家认同一个基本的观念，即人类社会秩序只有效仿宇宙的运行方式才能达到完美的和谐状态。诸子当中，老子当时担任负责管理周朝王室图书和文献资料的史官。根据对《道德经》中文本的研究，不难断定《道德经》的内容早于周朝历史，很可能是古代宗教和哲学思想的总结和提炼，因此有学者认为它并非老子所著③。道家掌握的也许是最古老的知识，实际上为其他各家学派提供了宇宙论的基本框架，其他各家学派纷纷在此共同

---

① 现在我们所熟悉的中国的各种神仙，在早期都不过是零散的传说，直到汉代之后的道教才渐渐形成体系。汉武帝"罢黜百家，独尊儒术"之后，道家转入民间，并与先秦以来追求长生不老的方士合流。东汉张道陵创立"五斗米教"，正式尊老子为教主，以《道德经》为教义经典。东晋时，金丹派著名道士葛洪的从孙葛巢甫造构《灵宝经》而成立"灵宝派"，尊崇元始天尊、灵宝道君和太上老君，形成"三清"体系。

② 吕思勉:《中国文化小史》，北京:中国致公出版社，2018年，第18章。

③ 《道德经》中使用"牝牡"来代表"男女"和"阴阳"，这与当时东周的习惯用法不同。《道德经》中还显示"女权"高于"男权"的观念，这也与周朝以父系宗法制度立国的理念不同，更像是之前的母系宗族的观念。参见吕思勉:《先秦学术概论》，北京:东方出版社，2008年，第6章。

宇宙观的基础之上进行延伸和演绎，从而提出自己关于改革社会的实施方案[①]。"百家争鸣"虽然看似是思想上的争论，最终还是集中体现为具体政治方式和政治制度当中的分歧。

那么，中国先秦时代宇宙观的基本要点是什么呢？《道德经》中认为，宇宙的根源在于一种无法名状的动力，老子称之为"道"。"天地"是从"道"中产生，"天地"与"道"不同，"道"是无法描述其特性的，而"天地"具有可以分辨的性质。既生"天地"，万物则是从"天地"中产生的，正所谓："有物混成，先天地生，寂兮寥兮，独立而不改，周行而不殆，可以为天下母。吾不知其名，字之曰道。强为之名曰大。"[②]《道德经》中认为，"道"的动力基本表现方式是"循环往复"，所谓"反者道之动"和"大曰逝，逝曰远，远曰反"，最终回到初始的位置——"夫物芸芸，各复归其根"。在老子看来，宇宙最主要的特征是没有明确的方向，也没有固定的形状，唯一可以确定的是宇宙处于永恒的变动当中。

正是根据这种相同的宇宙观，不同的学派通过相互辩论和竞争产生了属于自己的哲学观点，进而演化出不同的政治理念。道家认为，既然宇宙的动力是循环往复的，那么可推论任何一种状态同时包含正反两个方面，也就是祸福倚伏，所以做事做人不能走极端，要留有余地，需要知道"盛强绝不可恃"，否则会激发和增强宇宙本源中相反的力量而导致失败。与道家不同，儒家从宇宙永恒变动中体会到，社会制度也需要持续不断地进行微调，不然根本无法适应宇宙的变化，即所谓"穷则变，变则通，通则久"[③]的道理。在这点上法家与儒家的看

---

① 关于《论语》和《道德经》成书谁先谁后的问题，不同的学者存在相异态度。吕思勉先生根据书中用词的习惯认为《道德经》成书在前，而冯友兰先生根据《道德经》和《论语》体裁的对照，认为《论语》这种语录体的书应该在前。参见吕思勉:《先秦学术概论》，北京：东方出版社，2008年，第6章；冯友兰:《中国哲学史》，成都：四川人民出版社，2020年，第8章。

② "道可道，非常道。名可名，非常名"是《道德经》开篇之语。在这里"常"同"尚"，在古代假借为"上"，所以这里的"常"与"经常"的意思无关。原文应该是"道可道，非上道，名可名，非上名"，大意是说真正最根本的宇宙本体是不能描述和命名的，能够描述和命名的都不是"上道"和"上名"。参见吕思勉:《先秦学术概论》，北京：东方出版社，2008年，第6章。

③ 出自《周易·系辞下》。

法类似，差别在于法家认为如果社会情况发生了巨大变化而制度没有顺应这种变化，那么就需要对制度进行大规模的改造，使之重新与新的社会情况相适应，这是法家主张变法的理论基础。

在政治思想上，道家、儒家和法家的主张各自体现出中国传统政治哲学一个独特的观念。其思想的共同点是要寻找一条社会发展的康庄大道，差别在于人文生活的终极目标不同。道家追求的理想社会是基于农业的共产主义——"鸡犬之声相闻，老死不相往来"[①]。之所以必须基于农业，是因为这是当时人类社会所知道的唯一先进的生产方式（其实一直到 18 世纪，人类还处于农业社会当中）。老子并非反对物质发展，而是反对因物质发展所导致的社会堕落。老子心目中的理想社会也不是一个处于物质匮乏的原始状态的社会，而是没有因为物质因素影响人与人之间淳朴关系的社会；不是一个愚昧无知的社会，而是所有人都把智慧应用到领悟"道"的事业当中，不把心思运用到人与人之间相互争斗的社会。老子的政治观念实际上想证明，人类社会发展本质上并不依赖于人与人之间的竞争。这个观念是中国哲学思想中的极其独特之处，西方主流思想则与此种观念相反，认为人的欲望才是历史的最终推动力量，没有竞争社会就没有进步，二者之间是截然相反的。这是中国政治哲学的第一个独特之处。

孔子作为儒家的代表，他的宇宙观体现在《易经》当中，其政治思想则是通过《春秋》来表达的[②]。"易"这个字实际上包含了三重含义：第一重含义是"简单"，也就是大道至简；第二重含义是"变化"，宇宙是处于持续不断的变化当中；第三重含义是"不变"，无论宇宙如何变化，总是存在一个不变的法则，把握住这个法则就做到了"中庸"。反映到政治理念之上，因为大道至简，所以不要过分行政；因为宇宙永恒变化，所以不能拘泥于旧制度和旧观念，要不断革新；虽然宇宙永恒变化，但仍然存在如如不动的某种原则，所以制度虽然可以改变，制度背后体现出的政治本意不能改变。一切政治制度都是为了更好地展现"政道"

---

① 出自《道德经》第八十章。

② 孔子所教，称为"六经"，即《诗》《书》《礼》《乐》《易》《春秋》。其中前四门是常规课程，也是之前给贵族子弟开设的课程，几乎每个学生都可以学习，而后两门则是孔子最核心的思想，轻易不传授的。其中《易经》是从"人事"上求其"天道"的原理，而《春秋》则是根据"天道"来评论"人事"。参见吕思勉：《先秦学术概论》，北京：东方出版社，2008 年，第 7 章。

而存在的。换言之，儒家对于制度本身并不过分重视，因为制度需要不断变化，所以儒家反对制度的教条化。这正体现了中国人比较灵活的思想方式，西方人与其贬义地把中国人看成缺乏信仰的完全的实用主义者，不如把中国思想政治传统的特点看成"非意识形态化"更为准确。这是中国政治哲学的第二个独特之处。

董仲舒在《春秋繁露》当中将《春秋》的核心含义解释为"张三世，通三统"。具体而言，一个朝代的统治者应当给前面两个朝代的统治者的后代加以封国，然后允许他们在各自的封国里继续保持原来王朝的社会制度和治理方法。如果本朝发现了自身社会治理方面的问题无法克服，可以随时借鉴改进。这意味着，儒家认为每个朝代的社会制度和治理方法均存在合理的一面，也必然存在相应的弊端，当一种制度出现危机的时候，不妨用另外一种制度替换来化解危机，周而复始，从而可以实现社会大治①。

法家对于领导者和民众的关系进行了深刻的分析。法家重在治民，不主张苟顺民情，要求君主能够审时度势，不为民众的想法所左右，冷静地做出最有利于大众的决策，所谓"民愚而不知乱，上懦而不能更，是治之失也。人主者，明能知治，严必行之，故虽拂于民心，立其治"②，"圣人之治民，度其本，不从其欲，期于利民而已"③。法家强调贤人的作用，认为只有贤人主导政治才有可能实现大众福祉的提升，顺从大众的意愿未必对大众有利，反对大众意见则反而有可能是真正为民众谋利。"人孰不欲利？然能得利者卒寡，不能得利者卒多，何哉？昧于利不利之故，不知利之所在也。故顺人之欲者，未必其为利之；反人之欲者，未必其非利之也。"④这种"尚贤"的基本政治理念贯穿了中国数千年的政治史。当然，法家也同时强调，"尚贤"的基础是贤者真正代表广大民众的利益，

---

① 司马迁在《史记·高祖本纪》中写道："夏之政忠。忠之弊，小人以野，故殷人承之以敬。敬之弊，小人以鬼，故周人承之以文。文之弊，小人以僿，故救僿莫若以忠。三王之道若循环，终而复始。"大致是说夏朝以忠信敦厚为政治原则，而造成百姓粗野放任的弊端，商朝于是采用威严恭敬的政治原则来针对夏朝的时弊，但是这又造成百姓迷信鬼神的问题，周朝就采用强调等级制度和上下尊卑来应对，可是却又导致百姓之间彼此失去信任，要想改变这种情况还是应该回到夏朝的忠信敦厚的政治上去才行，三种原则相互连接，周而复始。

② 《韩非子·南面》。

③ 《韩非子·心度》。

④ 吕思勉:《先秦学术概论》，北京：东方出版社，2008年。

否则就会走向极端，而成为暴君，人民会被奴役（"故王良爱马，越王勾践爱人，为战与驰"[①]）。法家思想强调领导者与民众之间的相互信任，领导者本着对广大民众的责任，自主进行决策，而不应当屈从民意。同时，民众也不应该用自己的私意去裹挟领导者，否则将损害整个社会的共同利益。按照这样的观念，中国与西方现代的大众政治思想之间存在着相当的隔阂，中国的政治理念"尚贤"，而现代西方大众政治则强调"尚众"[②]。这是中国政治哲学的第三个独特之处。

如上所述，道家认为物质文明与社会制度之间没有因果关联，儒家强调"政道"主导政治体制，而政治体制并不存在"一贯向前"的趋势，法家主张"贤人政治"，再加上这几派所共有的反对拘泥不化和教条主义、强调实事求是的态度，实际上构成了中国传统政治观念的几个基本要点，可能也成为中国人实用主义的思想根源。

接下来，让我们来了解一下先秦诸子关于"人"的思想。先秦诸子实际上是由人类自身的处境和经验来推断宇宙秩序，例如人有男女，故气分阴阳[③]。同样，中国的社会伦理观念也一直是以人为本的[④]。"圣人"在中国哲学当中并不意味着一个超越人类的特殊存在，而只不过是某一种模板下的普通人。道、儒、墨各家对于人文生活的终极目标理解不同，所以他们构建的圣人范本也不同。但是无论是哪一种圣人，都仅仅是人而不是神。中国先秦思想家不追逐不完美中的绝对超越，而追求理想状态下的统一。既然不存在"超人"，那么一切问题就都需要在现实社会当中解决，政治成为实现人文理想的最重要的途径。

在中国古代社会当中，政治代表了整个社会的共同发展目标，因此中国知识分子把直接参与政治作为实现人生理想的最重要手段。在中国的传统思想当中，政治不是抽象和孤立的，而是与社会和人生紧密相连的日常，政治事业即

---

① 出自《韩非子·备内》。

② 其实西方在启蒙运动和民主政治建设早期也是"尚贤"的。从《联邦党人文集》当中可以看出，美国的建国者们一致认为大众在选举中只能起到有限而且间接的作用，《联邦条例》当中关于选举制度的设定和"三权分立"的制度都体现着防止民主权利泛滥的精神。美国的建国者们不仅反对大众政治，还极力反对党派政治，认为党派政治可能会造成党派利益高于国家利益。

③ 参见吕思勉：《先秦学术概论》，北京：东方出版社，2008年，第二章。

④ 成臻铭：《中国古代政治文化传统研究》，北京：群言出版社，2007年，第1章。

人生事业。当时的智识阶层认为，对于一个社会来说最为重要的是国家治平和教化昌明，也就是说与解决人与人之间的关系问题相较，关注人与自然关系的学问显得次要。因此长期以来，中国知识分子只将自然科学作为人文科学的附属物对待，没有将之作为独立的学问而重点发展。然而，令人遗憾的是，中国古代的智识阶层可能忽略了重要的一点，那就是探索人类社会之外的广阔天地可能会改变人类的宇宙观，宇宙观的改变必然影响到人生观，其实也可以反过来对社会伦理产生极其深远的影响，因此自然科学对于社会政治治理也同样重要。或许在当时的社会条件之下，没有人能够意识到这一点，或对此有兴趣。

有了上面的这些分析，我们可以大致勾勒出中国为何没有如西方那样产生强大宗教的原因。由于在中国社会当中，政治已经体现了全体社会的共同目标，从而没有宗教的施展空间了。在中国，政治的基础深深扎根于社会土壤当中，政府的合法性和权威性并不仅由执政者的个人德行和绩效决定，执政者出了问题固然可以更换，但社会的共同目标仍然要依靠政治和政府来实现，这构成了与西方社会的根本重大差异。

那么，在西方社会当中，政治、政府与宗教之间的关系又是怎样的呢？公元 5 世纪西罗马帝国崩溃之后，各个继承国占领了原来西罗马帝国的疆土，由于蛮族国王基本没有社会治理经验①，连诸如收税等基本的社会管理皆需依赖基督教士协助完成。各个蛮族国家相互之间的战争不断，政治文明更是无从谈起。于是，宗教理所当然地接替了政治成为西方民众对于安定繁荣的社会目标的寄托，在接下来的 1000 多年间超越政治，主宰了西方思想界并获得了真正的社会认同。直到 14 世纪人文主义兴起后，科学思想才渐渐取得了一些地位。可是直到今天，宗教的力量和影响在西方仍然十分可观。

政治的难堪也同样反映在政府存在的合法性之上。在中世纪的欧洲，政权需要宗教的加持方能获得民众的认可，政府在西方社会长期缺乏必要的权威性。虽然在 17 世纪君主制度革命之后，世俗力量从教会手中夺回了部分权力，但是在西方传统的政治观念中，政府的地位依然是相当脆弱的，民众对于政府的态

---

① 实际上，后来的查理曼大帝连字都不会写，当时蛮族高层大多文化水平低，导致宗教活动大行其道。反观中国，执政者历来都是文化教育水平最高的那一部分人，从某种意义上而言，中国古代并不是通过血统而是通过文化来划分阶层。

度也是较为疏远和不信任的。正如钱穆先生所说："中国政府以社会为基础，西方政府以社会为凭借。中国有社会则必有政府，西方有政府则建国。中国，国家由社会建立；西方，国家由政府建立。因此中国国家盛衰就是社会盛衰，只要社会不亡，国家亦不亡，不过是改朝换代。而西方诸国有社会无国家，国家的根基不在社会上。"①

中国传统的政治思想和理念随着时代的发展也在发生不断的变化。西方人在认识中国古代思想时，总是将儒学作为代表，采取的基本认识方法是把儒学类比成基督教，这是因为在西方并不存在一个能够脱离宗教的根本思想认知体系。然而，中国的儒学早在汉武帝独尊儒术之时已经与其他诸子学派的思想融合在一起了，而在之后的历史长河中，又进一步地与其他外来思想交汇融合，其中最为明显的是佛教②。

先秦各个学派不仅仅是思想的传播者，而且还是政治的实践者，目的是为了推行大规模的社会变革，从而实现社会大同的伟大理想。尽管困难重重，但是这一宏伟目标一直是当时知识分子的奋斗方向。或许在今天看来，他们的思想和行为难脱某种"乌托邦"之嫌，但是值得注意的是，我们这种想法显然有些武断，因为当时的社会情形与今天大不相同。首先是春秋之际，各诸侯国疆域尚不甚广，管理难度较低，在小范围之内实现某种统一的政治理念确有可能。其次是当时距离上古社会还不甚远，仍然民风淳朴，因此在当时看来实现理想社会未必一定是空想③。

值得一提的是，公元 8 年作为儒家思想狂热崇拜者和实施者的王莽接受西汉皇帝禅让，标志着中国古典政治哲学的顶峰。王莽称帝建立新朝并不是阴谋篡位，而是获得了当时广大的"士"阶层的全力支持。"禅让"制度集中体现出

① 钱穆：《中国历史精神》，贵阳：贵州人民出版社，2019 年。
② 冯友兰：《中国哲学史》，成都：四川人民出版社，2020 年。
③ 《左传》当中的《曹刿论战》描述的是公元前 684 年的齐鲁长勺之战。按照当时的交战守则，双方击鼓两军交战，而鲁国违反规则，前两次击鼓，并不上前交战，而第三鼓时趁齐军士气低落而取胜，这在当时被看成一种不道德的行为。鲁国虽然获胜，但是国家的政治威望反而受损。与此类似，在公元前 638 年的宋楚泓水之战中，宋襄公不愿意趁楚军渡河尚未列阵完整而袭击，也是严格遵循当时贵族的交战规则。所以，虽然宋国战败，但宋襄公的领导威望转而上升。这种"贵族式"的风格到了战国时代则已经完全被为了胜利不择手段的谋略所取代了。

了中国古典政治当中的"贤人政治"和"民重君轻"的核心观念。王莽本身就是儒生，登基之后更是顺应社会要求改革的共同需求，以传说中尧舜时代的理想政治为目标全力推行儒家推崇的各种改革社会的政治措施①。这是中国历史上最为重要的一次全社会认可下的变革实验，然而遗憾地遭受了严重的挫败，尖锐的社会矛盾不仅没有缓和，反而引起了社会大动乱。直到今天，关于这次社会改革失败的原因到底是政治理念有误还是执行不当的争论依然没有停息，但无论如何，王莽改革失败之后很长一段时间内，对中国社会进行整体大变革的主张几乎从思想界绝迹了。"禅让"这种原本含有高尚理想的制度也堕落成为政治权谋的工具，儒家社会改革思想陷入了衰退，而失去了思想的指导，现实社会也必然走向混乱②。

高远的政治理想无法实现，中国在东汉之后陷入长期动荡达数百年之久。原本的儒家思想（不是先秦儒家而是与道家、法家等各家学派融合后的儒家思想）已经无法指导政治和民众的日常生活，众多知识分子也渐渐放弃了社会改革的宏伟人生理想，认为"治天下不如安天下，安天下不如与天下安"③，纷纷转入自我满足的小确幸生活当中，于是外来的佛教思想逐渐盛行起来。虽然困苦的生活和沉闷的现实为宗教的发展提供了温床，但由于中国社会的特殊性，宗教仍然附属于政治而无法超越。佛教思想传入中国之后也经过了深刻的中国化改造，逐渐与本土的哲学融合在一起，为一种新的哲学的诞生奠定了基础④。

宋明理学可以被认为是一种新的儒学，其目标是要塑造一种新的儒者，重新树立变革社会的远大志向。程朱理学加速魏晋以降士大夫阶层关注精神世界而忽视现实的思想状况的改变，号召知识分子重新回到先秦儒家的传统当中去。范仲淹的"先天下之忧而忧，后天下之乐而乐"，不正是对《论语》当中所谓"士不可以不弘毅，任重而道远。仁以为己任，不亦重乎？死而后已，不亦远乎？"的千年回应吗？而明朝王阳明的心学又进一步把宋朝高深抽象的学术演化为"知

① 张向荣：《祥瑞：王莽和他的时代》，上海：上海人民出版社，2021年；余英时：《士与中国文化》，上海：上海人民出版社，1987年，第5章。
② 杨永俊：《禅让政治研究：王莽汉及其心法传替》，北京：学苑出版社，2005年。
③ 吕思勉：《吕著中国通史》，北京：新华出版社，2016年，第30章。
④ 汤用彤：《魏晋玄学论稿》附《魏晋玄学与政治思想》，上海：上海古籍出版社，2019年。

行合一"的人生行为准则，新儒学从高级知识阶层开始向民众群体当中传播①。与秦汉时期的儒学相比较，新儒学吸收了佛教思想，体系更加完备，结构更加精巧，思辨程度也大大提升。新儒学的核心诉求仍然是进行社会变革，只不过目标更加具体，也不再期望通过一两次变革就能达到理想社会，而更多地寄希望于逐步和点滴改进。

①　汤一介：《儒学十讲》，北京：北京出版社，2019年。

美国的宗教情怀和价值取向

  众所周知，美国最早一批来自欧洲的移民当中有相当一部分是清教徒，他们主要定居在美国东北部的新英格兰地区[①]，而正是这批清教徒奠定了美国建国之后社会基本的宗教传统和政治观念。如果想理解美国的宗教和政治，就需要首先了解什么是清教徒，而要想了解清教徒，需要先了解16世纪的欧洲宗教改革，由此一直追溯到基督教早期的基本教义和基本情况。

  希伯来—基督教文化是欧洲文明的两大源头之一，西方的宗教和政治传统与基督教的演变和发展密不可分，其中有一个重要的切入点，那就是"人"与"神"的关系。因为基督教是从罗马帝国兴起的，所以我们需要先回到古罗马帝国时代，看一看当时宗教的状况。罗马人当时信奉的神明基本上继承了古希腊的多神教神谱，仍然保留着某种古代氏族家长的含义，神明保护的是社会和团体的集体利益。与此同时，罗马帝国当中还存在着众多的神秘教派，基督教是其中之一[②]。与罗马的多神教传统不同，基督教是一神教。这些神秘教派与罗马传统的宗教不同，并不太重视集体救赎，而是更加关注个人痛苦的解脱，强调信徒个人通过某种修行方式可以最终与神明结合而获得永生。神秘教派与罗马传统宗教在很长的时间里并不相互冲突排斥，民众可以同时保持两种信仰。古希腊和古罗马的传统宗教背后体现的是古希腊哲学中对于完美、秩序和理性的追求，

[①] 新英格兰地区包括今天美国东北角的缅因州、佛蒙特州、新罕布什尔州、马萨诸塞州、罗得岛州和康涅狄格州。

[②] 朱迪斯·本内特、沃伦·霍利斯特：《欧洲中世纪史》，杨宁等译，上海：上海社会科学院出版社，2007年，第三章。

神界代表的是俗世的楷模，属形而上的完美世界，而俗世则是形而下的残缺世界。古希腊哲学与中国古代哲学最大的差异在于，古希腊哲学关心的是永恒不变的真理，除此之外对于古希腊人来说都没有意义。所以古希腊的历史学很不发达，历史被认为是充满了混乱而缺乏规律，不符合古希腊人关于永恒真理的追求①。古希腊哲学中追求绝对不变的真理这一点也被罗马人继承，之后又渗透进入了基督教，演变成为耶稣基督的一部分特质。

与中国东汉帝国衰落的时间大致相同，罗马帝国在 4 世纪开始陷入持续的动荡，古希腊哲学中所蕴含的古典人文主义渐渐被民众抛弃，严酷的现实促使迷茫的人们倾向于拥抱神秘主义，对现实的关注也转变成为对于"彼岸"世界的向往②。不知道是否出于巧合，这种情况也几乎同时在中国发生了。三四世纪时，中国处于魏晋时代，社会大动荡导致原本的儒学传统无法继续提供社会改革的方案和指导民众的日常生活，因此先有本土的五斗米教在整个社会广泛传播，甚至东晋的皇帝、皇后以及豪门官僚都成为其信徒，在此之后更有外来的佛教在中国大为兴起③。由这惊人的相似可以看出某种宗教势力消长的共同规律：社会安定则宗教隐伏，社会动荡则宗教进取。

伴随着罗马帝国的混乱局面，基督教的影响力日益扩大。基督教通过与认同"一神论"的新柏拉图主义哲学相结合，逐渐形成了比较稳固的排他性的"一神论"神学体系④。

公元 313 年，罗马帝国接受基督教。公元 392 年，基督教成为罗马帝国国教。在基督教的教义当中，个人是有原罪的，而基督的自我牺牲洗清了亚当和夏娃的原罪，使得个人的救赎成为可能。但是在解脱过程当中，个人是无能为力的，

---

① 与古希腊哲学不同，中国传统哲学分外关注变化。正如前文所述，中国人认为变化就是宇宙的存在方式，观察宇宙的变化当然是十分重要的。由此而来，中国人就格外重视历史，可以说人类历史上可能再也没有哪个文明如中国这般对历史进行如此详尽的记载。参见梁漱溟：《东西文化及其哲学》，上海：上海人民出版社，2015 年，第 4 章。

② 欧阳莹之：《龙与鹰的帝国：秦汉与罗马的兴衰怎样影响了今天的世界》，北京：中华书局，2016 年。

③ 陈寅恪：《魏晋南北朝史讲演录》，贵阳：贵州人民出版社，2007 年，第 4、6、21 篇。

④ 3 世纪，新柏拉图主义在罗马流行，代表人物是普罗提诺（Plotinus）。他宣扬一神论，认为有一个世间万物、所有精神和肉体的源泉，被他称为"太一"（希腊文 το ηεν，没有合适的英语对应词汇）。但是新柏拉图主义并不排斥其他宗教，认为多种宗教都可以接近"太一"。罗素：《西方哲学史》，何兆武译，天津：天津人民出版社，2014 年。

唯一的指望来自神的"恩惠"。基督教的教义当中明确地谕示"人"与"神"之间的关系:"人"永远不可能成为"神",只能依靠神的救赎而脱离痛苦。不仅如此,这种"人"与"神"的关系还被进一步延展到整个人类社会的发展进程中,形成了基督教的基本政治和社会观念[1]。基督教早期重要的思想家希波的奥古斯丁在他的著名作品《上帝之城》中首次将人类的历史解释成为带有明确的终极目标的意义活动,以上帝造人为起点,以末日审判为终结。在他看来,"善"与"恶"的斗争是历史前进的根本动力。代表"善"的是笃信上帝而且道德高尚的人,他们居住在"上帝之城"中,而代表"恶"的是不信仰上帝的人,他们居住在"尘世之城"。人类社会的演进无疑是"上帝之城"不断扩张,逐渐消灭"尘世之城",而最终在"善恶大决战"中到达终点的一个过程[2]。这种思想对基督教影响极为深远,一直铭刻在西方思想观念的深处,直至今日仍然有很多基督教徒甚至非基督徒坚信这种历史观念,在美国这种情况尤其明显。

与中国的情况不同,宗教在罗马帝国崩溃之后的混乱局面中取代政治代表了社会的共同目标和希望,从此欧洲的政治在广泛的号召力和合法性方面一直屈从于宗教,这种情形贯穿了整个中世纪,甚至一直隐隐约约绵延到如今。教会作为个人与上帝之间唯一的媒介,不仅仅获得了天然的正统性,而且实际上掌握了相当广泛的政治权力。神职人员不仅主导了社会文化,还积极干预世俗事务。于是,出现了一种循环:教会权力导致精神堕落,新教派兴起要求清洗腐败回归纯洁。而后,新兴起的教派也陷入腐败,再有新的教派兴起,此起彼伏,覆盖了几乎整个中世纪。从某种意义上看,这如同中国的王朝更替一般上演。

早期基督教推崇贞洁的严格禁欲生活,然而到了5世纪,虽然距离基督教成为罗马帝国国教时间不久,但是教会已显示腐化迹象了。为了反对这种堕落,努西亚的圣本笃创立了本笃修道会,制订了《圣本笃会规》来规范基督徒的日常行为,要求基督教修士遵守安贫、守贞和服从的信条,不可以拥有任何个人

---

[1] 值得注意的是,在早期基督教教义中是没有"绝对自由"观念的,甚至"绝对自由"本身是原罪的根源,因为亚当和夏娃偷吃禁果就是"自由"的结果;再加上人不能"自救",因此更加不可能拥有"绝对自由",所谓"自由"都是在严格宗教戒律约束之下的"相对自由"。

[2] 奥古斯丁:《上帝之城》,王晓朝译,北京:人民出版社,2018年。

财产。但是本笃会大发展之后，由于信徒的捐赠反而逐渐成为大地主，修道院招收信徒的时候也索要昂贵的学费，所以只招收富裕的贵族子弟。修道院与世俗政权合作，积极参与政治，这些做法已经明显与圣本笃的初衷背道而驰了。针对这种情况，10 世纪初，克鲁尼修道会发起了反对教会世俗化的运动，重申要严格遵守圣本笃制订的规定，重视精神修行，远离世俗权力。但仅仅过了大约 200 年，克鲁尼修道会也无可挽回地重蹈覆辙，因为掌握了海量的社会财富从而世俗化了。于是，反对世俗化的新的教派又出现了，西多会在 12 世纪兴起，同样主张回归单纯的精神生活，崇尚辛勤劳作和严苛的生活。然而，西多会不久成为早期殖民运动的主导者，积累了大量财富，成了欧洲的大地主和全欧洲最大的羊毛生产者，修行生活则日趋散漫。13 世纪早期出现的圣方济会和多明我会为了吸取之前修道会堕落的教训，干脆利落地放弃了修道院制度，提倡清贫谦卑，并且效仿基督采取托钵云游的方式进行修行，也仍然没有摆脱接受土地和财富捐赠，最终不得不放弃坚守清贫的信条[1]。

到 12 世纪，天主教会在西欧成为一个权力广泛、结构复杂的政治机构，教皇的地位在罗马教皇英诺森三世的时候达到顶峰，甚至可以决定西欧王权的归属。教会已经完全世俗化了，而教皇在道德上的权威也随之被严重削弱。教会制订了宏大的政治目标，即建立一个以教皇为领导的基督教国家联合体，让所谓主的荣光遍布整个世界。虽然由于各种原因，这一目标在 1648 年三十年宗教战争[2]结束时在欧洲宣布彻底破产，但是谁能料到这个略显狂热的志向被作为"最激进的宗教改革者"的清教徒们继承，并随着开往新世界的帆船来到了北美洲，意外地在新大陆播种发芽。

到了 14 世纪和 15 世纪，欧洲经历了可怕的黑死病大瘟疫流行的反复蹂躏，束手无策的天主教会的威信遭到严重的质疑，马丁·路德发起宗教改革，福音派和新教也由此而生。与之前的数次修院制度改革一样，路德的宗教改革本质

---

[1] 毕尔麦尔：《中世纪教会史》，北京：宗教文化出版社，2010 年。

[2] 1618 年，费迪南二世强势地在波西米亚推行其天主教政策而引发波西米亚起义。作为波西米亚新教盟友的德意志地区成为主要战区，此后欧洲主要国家都卷入其中，原本的宗教战争演变成了一场争夺土地和权利的世俗战争。前后持续时间共 30 年，也被称为"三十年战争"。

上是又一次基督教原教旨主义运动的崛起，主张恢复基督教早期的严格教义，反对教皇无误论，强调《圣经》无误论，要求教徒严格遵守《圣经》的指引。马丁·路德改革的核心主张是，反对教会作为个人与上帝之间的媒介，认为每一个人通过阅读《圣经》都可以直接与上帝沟通，并有可能获得救赎①。

路德认为，每一个基督教徒在信仰方面都是完全自由的，在救赎问题上不需要任何其他尘世的力量。每一个人都有一条独特的与上帝沟通的渠道，甚至每一个灵魂都是上帝单独创造的，这实际上延续了基督教早期的神秘主义传统，同时开启了西方后来的"个人主义"和"平等主义"的思想传统，也进一步演化出现代民主观念。路德将《圣经》从拉丁文翻译成德文，借助当时西欧方兴未艾的印刷术使得更多普通人可以阅读《圣经》。在美国，路德的追随者是"早期福音派"，20世纪又演化出"新福音派"。至今，"新福音派"仍然是美国社会当中最活跃最有影响的力量之一②。

需要强调的是，在宗教改革之后，由于打破了教会对教义的垄断，各种不同的信仰派别层出不穷，尽管他们相互之间因为教义分歧而斗争不断，但是所有教派对于无神论者都天然地保持一种非常敌视的态度。对于基督教徒而言，不同教派之间的差异只是救赎方式和道路的不同，而无神论者则是否定救赎本身，这必然引起教徒内心的极度不安。路德反对人文主义，认为它是无神论，而实际上人文主义关注的是在神明出现之前的社会传统和在一神教没有出现之前的人的地位何以安处，所以二者殊途同归，均从不同的方面起到了强化个人主义的作用③。

发端于德意志的宗教改革造就了新教，它在教义上是一种基督教原教旨主义的教派。此后不久，英国圣公会宣布英国国王才是英国教会的最高领导，脱离罗马教廷加入新教阵营。而清教徒则是英国新教教徒当中更为激进的一部分，不仅反对天主教会，而且反对英国国王作为教会的首脑。清教徒往往信仰加尔

① 当时书籍非常难得，路德直到20岁时才见到《圣经》，而且是用拉丁文书写的，普通人根本看不懂，因此天主教会长期垄断着对宗教教义的解释权。

② 参见彼得·伯格、格瑞斯·戴维：《宗教美国，世俗欧洲？》，曹义昆译，北京：商务印书馆，2015年。

③ 雅克·巴尔赞：《从黎明到衰落：西方文化生活五百年，1500年至今》，林华译，北京：中信出版社，2013年，第一部分。

文主义，反对一切宗教权威，强调《圣经》的至高地位，倾向于采用强制性的手段来推行所谓的"纯洁的生活方式"①。新教在当时的英国不受欢迎而受到压迫，最终部分教徒不得不移民北美。正因为如此，美国这个国家的建立从根源上就带有鲜明的宗教色彩，这就没有什么令人奇怪的了。

新教教义中有一点非常值得重视，甚至说这个教义很大程度上塑造了美国的社会伦理也不为过分。这就是新教教义反对"自由意志"，认为能否得到救赎是命中注定的，而与个人的现世努力无关。那么，如何才能知晓自己是不是上帝眷顾之人呢？新英格兰地区的清教徒以自己在俗世中的成功与否作为判别的标准。在美国社会当中，拥有大量财富自然而然成为人生成功的标志。于是，发家致富就是上帝赐予恩惠的暗示，俗世的成功本身是上帝保佑的结果和上帝意志的体现。因此，富人如果能够继续致富，继续在俗世中成功，那么意味着上帝的宠爱不曾衰减，富人是命中注定要获得救赎的。按照这个逻辑推演下去，穷人的贫困则反映了上帝对于他们的漠视，他们的痛苦则是命运的自然安排。我们从美国社会对待新冠疫情的态度上，不难看出这种特殊的社会伦理，每个人的死与生、贫与富、痛苦与幸福只与个人有关，均是上帝的意志安排，社会与他人对此没有任何义务和责任。这与欧洲大陆的社会伦理差别明显，更不要说与东亚这些历史上的儒家文化圈国家的差异了。

这种特殊的观念在清教徒因遭遇宗教压迫而移民美国之后在新大陆逐渐发展为广泛的共识，而且超越了个人范围慢慢演变成一种国家观念。能够摆脱大英帝国的政治经济压迫而独立建国，迅速繁荣致富，并且在一系列的对外战争中取得令人炫目的重大胜利，美国人把这些成功看成是上帝的偏爱。因此，美国的国家行为和历史境遇被美国人解读为符合上帝意志，美国的政治制度和对外行为获得了上帝的慈爱加持，只要美国一直胜利一直领先，那就说明上帝仍然在保佑美国，美国将代表上帝统治世界。（然而，似乎有一个简单的常识在这里被有意或者无意地忽视了：太阳照耀西方，也照耀东方。）美国人的这种思想观念非常强大，以至于超越了道德对其行为的约束，但所带来的潜在副作用也

---

① 加尔文教派的核心教义是两条：第一是通过信仰得到个人的拯救；第二是由政府来控制道德和行为，政府由此沾染了某种宗教色彩。加尔文教派的活动中心是瑞士日内瓦，对居民施行严苛的宗教管理，并在那里创建学院培养牧师。

同样严重，那就是一旦美国遭遇失败或者处于落后状态，会被解释为偏离了上帝所指定的道路，或者失去了上帝的眷顾，那么整个国家的精神纽带和民族信心就会崩溃。所以，保持领先地位对于美国而言超越了一般的政治和经济意义，而上升到了国家和信仰存亡的最高准则。换言之，美国是输不起的！

清教徒不仅继承了新教反教权的思想传统，而且日益成为当中最为激进的一个派别。在西方社会当中，教会与国家是紧密结合在一起的，所以当宗教发生了改革，国家制度也必然随之变革。清教徒认为，既然宗教改革打碎了教会当中的等级制度，与之相应的国家政治层面的等级制度也就应该取消，这是清教徒往往又被称为"平等派"的原因。清教徒认为社会制度并非上帝指定的，也不是教会指定的，既然"君权并非神授"，那么社会制度也应该由人民自己选择，这被总结为美国式民主制度的思想根源①。在启蒙运动之后，"上帝"已经悄悄地转变成一种"自然神"，在制订宇宙的规则之后就袖手旁观，不对世界的运行做任何的救赎干预了。因此，每个人都拥有一种自然权利，也就是"人权"。这种权利是上帝通过与每一个人的纽带而直接赋予的，任何其他力量都没有能力和理由剥夺，"人权"成为超越政府、超越国家和超越一切世俗力量的神圣存在②。因此，政府存在的目的应该是保障个人的自然权利不受侵犯，除此之外没有任何道理干涉个人的自然权利。法律应该是服从于自然权利的，当政府的法令与自然权利相违背，就可以不必遵守甚至可以推翻政府来保障个人的自然权利，这是清教徒乃至现在美国大多数民众对于政府的基本态度，是一种典型的美国式的个人主义，相比欧洲的个人主义明显更加绝对化③。

人既然拥有"自然权利"，政府就必须要遵循自然规则运行，于是人的天性决定了政府的形态。按照 17 世纪西方著名政治学家霍布斯在《利维坦》中所说，如果人性如狼，损人利己，就需要强力的政府进行约束；反之，如果人性如羊，

① 雅克·巴尔赞：《从黎明到衰落：西方文化生活五百年，1500 年至今》，林华译，北京：中信出版社，2013 年，第二部分。

② 这种自然权利的前提是"人的自然状态"，也是在人类形成群体之前的状态。但是，是否存在这种状态还是值得思考的。如果人的"社会属性"是本质性的，那么就不存在"人的自然状态"。

③ 关于"自然状态"的讨论，可以参见弗朗西斯·福山：《政治秩序的起源：从前人类时代到法国大革命》，毛俊杰译，桂林：广西师范大学出版社，2014 年，第二章。

只要在公正的环境下，人人都通情达理，那么则只需要一个小政府即可。西方对"大小政府"的争论其实根源也同样来自"人性"的这种假定①。

　　个人信仰的虔诚程度往往与对异见的容忍程度成反比。清教徒虽然强调民主意识，但是其实只是在具有同样信仰的群体内部施行民主，而对于异教徒则是非常严酷的。在北美的新英格兰地区，圣诞节被清教徒禁止长达22年之久，因为圣诞节来自罗马的"农神节"，是属于异教徒的节日。新英格兰地区早期实行了非常严苛的宗教制度，不仅有对异教徒的迫害，还有对于所谓女巫的猎杀行径。因此，清教徒激进的宗教信仰一方面极大地发扬了个人主义，另一方面也在美国社会埋下了不宽容的种子。在美国的社会，民主与文化多元化的共生始终存在着矛盾，特别是后来将思想自由的原则抽象化之后就更加严重了。抽象的思想自由也就意味着对于反对思想自由的认同，这如同当下西方社会的政治正确一样，在逻辑内部存在着矛盾。虔诚的信徒对信仰要求一致，特别是基督教原教旨主义的清教徒教义，根本上排斥其他不同的信仰，因此会内生地造成分离倾向。而国家的维持需要的是团结，必须模糊关于信仰之间的差别，这在信徒看来国家就失去了道德的权威而无法容忍，从而造成进一步的分裂情绪。正如美国著名历史学家雅克·巴尔赞所说的那样："狭隘的道德主义和对异见的社会压制对美国产生了长期和深远的影响，甚至远远超过了其所对于个人主义和民主权利宣扬的正面贡献。"②

　　宗教传统对于西方政治观念和社会制度的影响非常深刻，直到今天也依然如此。以美国为例，不能因为美国高度发达的科学技术而忽视了其社会内部存

---

① 值得注意的是，其实在两千多年前，中国在先秦时就已经开始争论"性善"与"性恶"。孟子主张人性善，政府要行"王道"；荀子、墨子主张性恶，政府要行"威权"。霍布斯认为人的"自然状态"是一种"丛林状态"，因此需要强大的"利维坦"——政府；而约翰·洛克则认为人的"自然状态"是一种理性状态，为了避免纷争，人们应制订契约——社会契约。参见霍布斯：《利维坦》，黎思复等译，北京：商务印书馆，2017年，第13、17章；约翰·洛克：《政府论》下部，瞿菊农等译，北京：商务印书馆，2018年，第2、8、9章。

② 雅克·巴尔赞：《从黎明到衰落：西方文化生活五百年，1500年至今》（上册），林华译，北京：中信出版社，2013年，第303页。这一点与中国的情况完全不同，中国政府的道德权威根源与宗教信仰无关，只需要建立一种社会共同的目标就完全可以达成国民的团结。

在的鲜明的宗教特色以及由原教旨主义衍生出的反智主义倾向①。根据美国国家科学基金会的调查，在美国有五分之一的成年人相信太阳围绕地球旋转，超过三分之二的美国人不知道 DNA 是遗传物质，还有将近一半的美国人认为自宇宙诞生以来，人类一直与其他生物共存。在美国人中，有超过三分之二的非基督教徒相信奇迹，其中还有 47% 的人认可圣母以处子之身受孕，并且 45% 的人相信魔鬼的存在。另外，根据美国《新闻周刊》调查，超过 40% 的美国人相信世界最终将会演变成一场基督徒和非基督徒的大决战。很多美国人不仅对于科学知识不屑一顾，而且对于宗教方面的知识也非常懵懂，绝大多数美国人说不出四大福音书的名字，也不知道《创世纪》是《圣经》的首卷②。

更为严重和吊诡的是，不少美国人将科学与理性看成是对于个人自由的威胁，与美国的基本价值观相悖，所谓"听从专家意见"被认为是体现了一种精英意识和对普通民众的歧视。于是，反智主义因为捍卫美国自由主义价值观反而获得了某种奇妙的"正义"，无知意外地成为"平等与自由"的代言人，并且与"民粹主义"和"大众政治"紧密结合在了一起。"平等和自由"原则被绝对化，理性原则被迫服从于抽象化的平等和自由而失去了权威。某些美国政客也充分利用这种观念来攫取政治资本，如特朗普凭借这些民粹支持已经有了成功当选的经验，而拜登政府现在看来并没有能力扭转这一局面，甚至还沿着这条道路越走越远。"性别自由选择""吸毒合法化""合法零元购"③ 等等匪夷所思的情况如今在美国不断上演，而且愈演愈烈，失去约束的"绝对自由"和"个人主义"正在迅速地侵蚀着本已经暗伤累累的社会躯体。

---

① 基督教从一开始就存在两种流派的斗争，一派认为上帝超越理性，只能依靠单纯的信仰而排斥理性的思考，另一派则是带有新柏拉图主义的理性派别，新教教徒基本上是倾向于前者的。
② 托尼·朱特：《事实改变之后》，陶小路译，北京：中信出版社，2018 年，第 17 章。
③ 所谓"零元购"指不法分子聚众"快闪"式哄抢，砸抢。

各说各话

让我们来总结一下前述中心论点，即中国与西方国家——特别是美国——在宗教信仰和政治传统上的差异如此突出，以至于双方在很多基本问题的认识上都存在截然不同甚至相反的看法。

西方社会中的核心关切是"人"与"神"的关系，终极的目标是个人得到救赎（即使在乌托邦思想当中也仍然充满对于宗教道德力量的依赖，而道德的根本原则都来自上帝与人之间的约定）。近现代西方政治的"平等""自由""民主"和"人权"几个基本概念都是在与教会的斗争中产生的，也来源于个人与上帝间关系的变化。起初，个人必须通过教会这个媒介才能与上帝进行沟通，教会当中的等级制度也就等同于世俗社会当中的等级关系。16世纪的宗教改革之后，每个人被认为都可以绕开教会直接和上帝联系，教会的权威丧失，牧师改由教区内的信徒选举产生，相应的世俗社会中的权力也就顺理成章地被认为应该由民众选举产生。就救赎和与上帝的关系方面而言，每个人是没有区别的，这是西方"平等"和"民主"思想的来源。政府不能干预人和上帝之间这种神圣的关系，而只能负责保护这种关系，具体而言就是保护个人的某种天然的权利，包括"生命、自由和财产"，这就是西方"自由"和"人权"的基本内容。作为神秘教派，基督教中所展现的个人主义传统是根深蒂固的，个人的救赎不需要依靠任何其他个体，更无需依靠其他集体，仅仅凭借个体和上帝之间私密的联系就已经足够了。因此，在基督教传统当中，集体主义的观念几乎是完全没有的。

中国社会的核心关切则是"人"与"人"之间的关系。如何组织社会，如何实现共同目标才是中国传统政治的出发点，而西方社会关心的焦点则是人与神的关系，是个人如何实现自身救赎的根本目标，二者泾渭分明。"平等"的观念其实很早就已经清晰地体现在中国哲学当中了。西方认为人的完美归宿是获得救赎，飞升天堂而获得永生；而在中国的观念当中，人的完美形态是成为圣人，并且这是每一个人通过修养都有可能实现的目标，正如孟子所谓的"人皆可以为尧舜"①。按照中国的传统政治理念，如果越来越多的人通过努力逐步走向圣人，那么这个社会距离完美社会也越来越近，直到实现最终理想的社会，而每一个人也都将成为圣人。在这个过程当中，个人是无法脱离集体而实现这一目标的，中国哲学上圣人的评价标准是社会化而非个人化的，个人向圣人转化是通过在社会群体当中的行为来实现的，因而集体观念在中国具有深厚的思想基础。此外，为了实现这个目标，不仅仅需要个体的自我努力，更重要的是需要对民众进行教化，这属于政府的职责，没有政府的参与是不可能实现个人的终极目标的，在中国的政治传统中政府是不可或缺的。

除了哲学观念之外，在中国古代的政治实践中也体现出对于"平等"和"民主"的具体认知。早在春秋战国之际，中国的"士"阶层就开始产生并且逐步壮大。虽然按照西方社会理论分析，当时的"游士"属于无产阶级，但是他们所追求的是一种超越了政权的"道"。"士"将个人目标与社会目标联系在了一起，正如《论语》中所说："士不可以不弘毅，任重而道远，仁以为己任，不亦重乎？死而后已，不亦远乎？"②"无恒产而有恒心，唯士为能。"③"故士穷不失义，达不离道。"④中国政治传统要求士"从道不从君"，"天下有道，以道殉身；天下无道，以身殉道。未闻以道殉乎人者也"⑤。这些论述都充分反映了中国传统政治观念当中的平等和集体主义的观念，强调个人目标通过集体目标的实现而实现。中国传统政治理念中，"君权"并非神授，"士"也不仅是为了君主或者贵族的利益服务的，而是遵循超越政权的"政道"的指引。

中国政治中的"平等"与"民主"还可以从中国政治的参与方式中得到非

---

① 出自《孟子·告子下》。
② 出自《论语·泰伯》。
③ 出自《孟子·梁惠王上》。
④ 出自《孟子·尽心上》。
⑤ 出自《孟子·尽心上》。

常充分的展现。中国在秦朝统一六国之后已经基本消灭了封建制度和"贵族"与"平民"的天然藩篱。西汉政权本身是一个平民建立的政权，而从汉朝开始，政治就逐渐向全民开放了。西汉在官员选拔上实行"郎吏制度"，太学生中考试优异者留京为"官"，次一等者回地方做"吏"[①]。东汉末年到魏晋时代，虽然门阀制度主导政治，出现了"上品无寒门"的局面，但是法律上并没有官员世袭的规定。门阀制度更像一个文化特权阶层，既不像西方封建制度那样拥有自己的采邑，也不受法律明文的保护，中央政府则时时想裁抑豪门[②]。隋唐科举制度是中央政府对付门阀势力而采取的手段，客观上进一步促进了中国政治平民化。到了宋朝之后，门阀势力被消灭殆尽，官员选拔几乎完全凭借科举制度，政治已完全全民化了[③]。如果不是抽象地讨论"平等"与"民主"，或者把"平等"和"民主"局限于某一种特殊的形式，而是选择一个可以测量的现实标准，那么，中国社会早在1000多年前就已实现了全体民众都可以通过某种方式参与政治。

经过上述的分析我们发现，同样是"平等""自由""民主"这些词汇，在中国和西方其所包含的历史和哲学的含义实在是天差地别。这些差异在思想源流上是来自双方对于社会基本发展方式和目标的差别，来自人与自然的基本关系界定的差别，来自人类自我认知和发展方向的差别，同时也来自历史经验和文化传统的显著差别。于是，这些差异导致东西方对于"政府界限""政治制度"以及"个人与集体的关系"等问题的看法迥异，难以相互理解。在现实的政治生活当中，则表现为各说各话，缺乏互信，因而中国提倡双方在尊重对方意愿的基础上通过对话来解决分歧。如果双方不能够各自认真体会、理解对方的思维方式方法和价值理念判断，那么可以想象在未来的交往当中，这种文化上的误解可能会继续造成极其严重的后果。

除了"平等"和"民主"等观念，在社会制度方面西方也持有一种与中国大不相同的态度。西方国家对于政治制度抱有一种特别的信仰，而在此方面美

---

① 钱穆：《中国历代政治得失》，北京：九州出版社，2014年，第一讲。

② 田余庆：《东晋门阀政治》，北京：北京大学出版社，2012年；吕思勉：《两晋南北朝史》，上海：上海古籍出版社，2005年，第18章。

③ 文史哲编辑部：《门阀、庄园与政治：中古社会变迁研究》，北京：商务印书馆，2011年；钱穆：《国史新论》，北京：生活·读书·新知三联书店，2001年。

国和欧洲又不尽相同。美国迷恋其政治制度，除去宗教因素之外是由于美国将自己独立建国以及后来迅速崛起乃至主导世界的独特成就几乎全部归功于政治制度的"优越性"，并且这种制度被美国人认为是一种人类普世的终极制度，因而应该在全世界推广。

欧洲与美国不同，虽然欧洲是近代民主制度的开创者，但欧洲国家对于政治制度改革并非一味盲从他者。法国大革命之后，拿破仑·波拿巴从第一执政变身成为皇帝，当时的法国人大都采取的是默许的态度。同样，在1848年法兰西第二共和国崩溃之后，路易·波拿巴登基建立法兰西第二帝国的时候，法国民众也同样没有反对。当前，欧洲各国对于民主制度的态度是非常纠结的，一方面充分了解这种制度存在的严重问题，另一方面由于第二次世界大战的惨痛教训和对于苏联威胁的噩梦，欧洲普遍认为威权体制将必然导致全面战争，民主制度虽然问题不少，但是能够消弭冲突，至少不会导致你死我活。

问题的症结在于，美国和欧洲都把现在的中国当成苏联的复制品，因此对于中国社会和政治制度戒心很重，在与中国的交往中往往表现出意识形态的对抗态度。在苏联解体之后，中国取得快速发展的奇迹实际上已经证明中国根本不是苏联模式的蹩脚复制品，相反是一个充满活力和强大适应能力的新模式，中国发展的经验不仅值得我们自己总结和提炼，也值得更多国家认真研究。如果西方能够理解中国传统政治哲学中对于社会制度的观念，也许可以减少几分盲目忧虑和威胁认知，并去努力为双方提供一个心平气和的互有助益的沟通气氛。

无可奈何

——世界的时代风貌

2019 年年末暴发的新冠疫情，意外地使法国作家阿尔贝·加缪①的小说《鼠疫》再次引起了广泛的关注和传播②。小说的情节并不复杂，叙述也相当平实，讲述了一个虚拟的城市遭受疫情，众人经历各种各样的心路转变，最终齐心合力战胜灾难的故事。因为塑造了无畏抵抗疫情的群像，正好契合了当时疫情肆虐下的情景，与全球读者产生了强烈的共鸣。其实，鼠疫作为灾难不过是作者的一个隐喻，在文化上有着更加深层的含义。作品于 1941 年开始创作，发表于"二战"刚刚结束的 1947 年。作者的初衷是用鼠疫来暗指法西斯主义，讽刺法国在德国占领期间的懦弱和战后对于法西斯主义没能进行彻底清算③。然而，也许是由于作者的暗喻过于隐晦不明（也可能是担心太过清晰将无法发表），意外地赋予了作品更加广阔的解释空间和更加长久的生命力。"鼠疫"则被一代代的读者引申为一切潜藏在深处的社会痼疾和富于煽动性的有害思想。

每一个人都有属于他的历史思考的起点，的确没有人能够超越自己的时代。我们不能选择生存和寄居的时代，就如同不能选择自己的父母和出生地一样。然而，我们可以尝试去观察并且理解我们的时代，了解这个时代所面临的挑战和威胁，寻找可能的解决之道。我们需要从一个高远的视角来勾勒这个时代的世界整体形象，描绘当代社会中人类思想和生活的风貌。质言之，了解时代，就是了解我们自己。

---

① 1913 年 11 月 7 日，阿尔贝·加缪出生于法属阿尔及利亚的蒙多维。1962 年 7 月 3 日，阿尔及利亚宣告独立。
② 阿尔贝·加缪:《鼠疫》，刘方译，上海:上海译文出版社，2013 年。
③ 关于"二战"之后欧洲对"纳粹主义"的清算问题，可参见托尼·朱特:《战后欧洲史》卷一，林骧华等译，北京:中信出版社，2014 年，第 2 章。

政治叙事的式微

　　"全球化"是我们当下所处时代最为显著的特征，但全球化的进程正面临巨大挫折并在 2022 年 2 月俄乌冲突后加速倒退。自 20 世纪 90 年代开始，全球化的浪潮汹涌澎湃，被认为是事有必至、理有固然的科技进步结果，大有横扫天下之势。为了实现全球统一市场，资本主义的全球化需要打破国家的架构，消除民族的认同，甚至撕裂家庭的纽带。在全球主义的理想图景当中，社会的组织形式将变得异常单纯而平坦，整个世界的理想基础架构只剩下一个大市场。在这里只有交易者，政治将被商业规范所取代，道德也退化成为法律和契约。资源的最优配置虽然使经济利益总和最大化，但这并不意味着全体人类的福祉也相应得到提升。分配机制如果无法在广大民众中取得共识并得到保障，全球化就永远无法代表人类社会的共同目标。更何况除了单纯的经济情况之外，人类的福祉还应包括更加广泛的思想道德、宗教伦理、社会公平和稳定等各个方面。目前的境况是，在全球化的浪潮之中，各种矛盾冲突此起彼伏，绝大多数国家和个人立足不稳。对于自身命运的无能为力引起的是强烈的担忧和不安。在这个时代里，按照西方政治思想传统的社会改造也暂时失去了目标。

　　要讨论当今时代的思想迷途，需要考察其原本政治思想的源流，回溯到 1789 年的法国大革命，透视历史前进的轨迹，才能逐步了解为什么世界范围内社会政治思想在当前的时代出现了某种枯竭的窘境。如果说 16 世纪的宗教改革促进了 17 世纪欧洲君主专制制度的成形，催生了民族国家形式的确立，那么 1789 年发生的法国大革命无疑开辟了后来 200 余年的政治和意识形态的基本认识范畴。在法国大革命之后尽管出现过各种各样不同的政治主张，但实际上大抵都是围绕着法国大革命所提出的政治原则的争论而展开的[1]。在法国大革命早期，因对待王权的态度分歧，革命阵营中划分出"左派"和"右派"，而后又进一步根据所支持的革命形式的不同在各自阵营中分化出激进派和温和派[2]。这种基本的政治分野主导了19世纪乃至20世纪的政治光谱体系。除了基本的"左派"和"右派"的政治分野之外，"民族主义"也因法国大革命逐渐凸显，"人民"和"民族"在某种程度上成为相互确认的身份同义词，国家的权力也等同于民族的权力，进一步开启了民族自觉和民族独立的世界风潮，直到今天仍未彻底停歇[3]。不仅如此，这场革命的遗产还包括"个人主义"和"自由主义"规范的社会化，这些遗产至今仍然是各种社会问题争论的核心话题。所以说，法国大革命引发的各种关于人类社会发展方向的讨论，主宰了西方迄今为止的几乎所有政治和哲学的严肃思考，也潜移默化地塑造了当今世界生活的方方面面。经过殖民时代，欧洲的思潮覆盖了整个世界，其他国家在近代被迫进入了西方规制的秩序体系，因此，近现代以来全世界范围内不同社会的思想和观念演变遵循的外在轨迹惊人地相似。

毫无疑问，在法国大革命爆发100多年之前的启蒙主义运动，已经为其做了充分的思想动员。虽然启蒙运动是资产阶级推动的并提出了"平等、自由、民主、人权"等口号，但在当时并不意味着这些是专属于资产阶级的思想。法国大革命之所以在人类历史上影响巨大，其中一个很重要的原因是法国的革命者并未把这次革命的影响局限在本国之内，而是极力主张将其作为欧洲革命甚至世界革命的开端。1792年，大革命后的法国对外派出军队，协助其他国家反对封建制度，号召和支持其他国家也加入进来成为政治同盟，形成一场世界性的革命洪流[4]。

---

[1] 参见艾瑞克·霍布斯鲍姆：《革命的年代：1789—1848》，王章辉等译，北京：中信出版社，2017年，序言。

[2] 在1791年的法国制宪议会上，温和派的保王党人都坐在会场的右边，而激进的革命党人都坐在左边，这是"左派"和"右派"最早的来源。

[3] 参见本尼迪克特·安德森：《想象的共同体——民族主义的起源与散布》，吴叡人译，上海：上海人民出版社，2016年。

[4] 法国国民大会对外宣布"如同兄弟一般支持任何希望恢复本身自由的民族"，"法兰西将任何拒绝平等自由和试图保留或者复辟贵族制度的人视为敌人"。参见 Henry Kissinger, *World Order*, London: Penguin Books, 2015, p. 43。

卢梭写道，"他们将会被暴力强制获得自由"[①]，法国人革命将自己运动的合法性推广至全体人类。在此之后发生的多次革命，无论是发生在欧洲还是世界的其他地方，都表现出这种源自法国大革命的世界革命运动的远景观念，世界革命的思想不断地被其他民族接受，标志着人类社会在思想上渐渐明确一个整体性的方向。

如果把革命当成一种"在思想指导下夺取权力"的理论武装行动，那么斗争的焦点是哲学观念和政治主张，因此在社会没有对批判的武器取得一致共识之前，社会的动荡不会停歇。大革命之后，法国在革命、反革命、再革命、再反动之间往复循环，清楚地证实了这一点。1789 年法国大革命爆发，1792 年建立了法兰西第一共和国。1799 年拿破仑·波拿巴发动"雾月政变"，成立执政府，出任第一执政。1804 年法兰西第一帝国建立，拿破仑称帝。1815 年滑铁卢战役失败之后，拿破仑退位，波旁王朝复辟。1830 年的七月革命推翻了波旁王朝，建立了君主立宪制的七月王朝。1848 年法国再次爆发革命，推翻了七月王朝，建立了法兰西第二共和国，拿破仑的侄子路易·波拿巴当选为总统。4 年之后，路易·波拿巴称帝，建立法兰西第二帝国。1870 年路易·波拿巴在普法战争中失败被俘，法国爆发革命建立了资产阶级领导的法兰西第三共和国，并镇压了被认为是人类历史上第一次无产阶级政权伟大尝试的巴黎公社。正是这种关于哲学和政治的争论贯穿了此后 200 年的人类历史，成为人类社会叙事的宏大主题[②]。

"左派"与"右派"最初的分歧在于是否保留君主制，而当英国在 19 世纪60 年代逐步完成第一次工业革命之后，社会的主要矛盾迅速转化为资产阶级与无产阶级之间的经济矛盾，"左派"与"右派"的分歧也随之逐渐演变为资本主义与社会主义之间的政治斗争，而整个 19 世纪甚至可以看成是由民族自觉反对民族压迫和无产阶级反对资产阶级两条社会革命线索相互交织而成的。

到了 20 世纪，欧洲的政治情况发生了新的变化。首先是在第一次世界大战

---

① Henry Kissinger, *World Order*, London: Penguin Books, 2015, p. 44.
② 如何保护革命的成果，建立一个稳定的政权，也正是阿列克西·托克维尔的名作《论美国的民主》的写作初衷。参见阿列克西·托克维尔：《论美国的民主》，董果良译，北京：商务印书馆，2017 年，绪论。

时的 1917 年，俄国发生了十月革命，1922 年建立了"苏维埃社会主义共和国联盟"这个人类历史上第一个无产阶级的政权。随之而来的是 20 世纪 20 年代末到 30 年代的全球经济大危机，最终又引发了第二次世界大战。两次世界大战深刻地揭露了现代西方社会制度存在的严重内生性问题，而当时苏联展现出的社会改造的前途，令战后欧洲的年青知识分子分外憧憬。在苏联建立之初，西方世界出于意识形态的原因而集体性地敌视苏联，导致苏联不得已采取经济上自我隔绝的发展方式。不料却因祸得福，苏联因此避免了全球经济危机带来的恶果。苏联在大萧条中独善其身，这个结果意外地被完全归功于其社会制度，苏联的社会模式逐渐得到当时越来越多西方知识分子的认可[1]。

第二次世界大战之后，重建国家是战后欧洲各国首要的社会目标，工人的政治经济地位得到了普遍的提升，这对于倾向于苏联的欧洲左翼知识分子而言又是一种现实的鼓励，大规模的社会建设更是营造了一种集体主义的氛围。此外，还有苏联红军的辉煌胜利更为西方知识分子对苏联模式的认同提供了真实的体制保障。大批的欧洲年轻知识分子期待着战争之后的重建将成为一场轰轰烈烈的社会改造运动，与法国大革命的目标一样将在全世界建立新秩序。信仰总是先行，制度跟随在后，信仰的认同也演变成为对于社会制度的认同。即使在西欧，共产党在战后的一些国家中也获得了相当高的政治支持度。比如意大利的共产党员在 1946 年达到 435 万，占全国人口总数的 19%，1953 年更是达到了 612 万，占人口总数的 23.2%[2]；法国共产党在 1946 年拥有 80 万党员，在选举中赢得了 28% 的选票[3]。这些都反映出当时对于社会改造的思想倾向和政治趋势。

战后的法国再次成为欧洲思想文化的中心，由于政治环境相对宽松，可以更加客观地展现西欧知识分子的真实思想观念。"存在主义"的创始人让-保罗·萨特和他的好友阿尔贝·加缪（《鼠疫》的作者）对暴力革命进行了思考，得出结论认为革命的暴力背后体现的是一种"历史的人道主义"——历史的大变革总

① 参见托尼·朱特：《思虑 20 世纪：托尼·朱特思想自传》，苏光恩译，北京：中信出版社，2016 年，第 5 章。
② 周华平：《意大利共产党衰亡的原因初探》，《社会主义研究》，2012 年第 6 期，第 113-117 页。
③ 陈刚：《近百年来法国共产党选举市场表现分析》，《法国研究》，2017 年第 4 期，第 1-9 页。

是不可避免需要牺牲，而血腥则是进步必须付出的代价。在今天看来有些不可思议的是，这些西方知识分子对苏联制度的热情最为高涨的时候，正是最为严酷的斯大林当政时期，大批的西方知识分子为斯大林的专制行为（包括 1935—1939 年在苏联内部进行的大清洗和"二战"结束初期在东欧国家制造的各种审判）进行道义上的辩护①。我们不妨把这种现象看作法国大革命"雅各宾派"的一份遗产，也就是只要目标高尚，手段即使有污也无关紧要，不必受到批判。

如果跨越时代再向前看，这种目标和手段分离的观念更早可以追溯到大航海时代。当时的基督徒积极开展海外殖民，在大规模屠杀土著时也面临着类似的道德困境②。正是出于这种对暴力革命目标神圣化的观念，如果当时有人批评苏联，则会被左翼的知识分子贴上"反动者"的标签，被指责为"玩弄帝国主义者的游戏"。这种论辩方式已基本脱离了理性范畴，几乎可以被称为是一种信仰之争了。历史的剧本往往是类似的，只是角色和情景不断发生转化而已，就如同今天如果批评以色列，很可能会受到"反犹主义"和"纳粹复活主义"的谴责一样。

1947 年 7 月美国正式推出"马歇尔计划"（欧洲复兴计划），对欧洲施行了大规模的经济援助③，原本有争取欧洲民心的考虑。但事与愿违，此举不仅没有能够赢得西欧知识分子的认可，反而加重了他们对于失去国家独立的担忧和对于美国动机的疑惧，促使他们更加倾向苏联。法国《世界报》曾经披露可口可乐公司计划 1950 年在法国销售 2.4 亿瓶可口可乐，这在当时引起了强烈反响④。

---

① 参见托尼·朱特：《事实改变之后》，陶小路译，北京：中信出版社，2018 年，第 14 章。

② 为了从宗教理论上解决问题，帝国的统治者哈布斯堡王朝的皇帝查理五世在 1550 年举行的神学会议上，终于肯定西半球的土著人也是有灵魂的，也应该得到救赎。值得注意的是，当时的哈布斯堡王朝是人类历史上第一个"日不落"帝国，查理五世举世闻名的豪言是"在我的领土上，太阳永不落下！"关于查理五世，可参见卫克安：《哈布斯堡王朝》，李丹莉等译，北京：中信出版社，2017 年，第 4 章。

③ 1947 年欧洲遭遇百年不遇的寒冬天气，之后又遭遇大旱灾。而原本的"欧洲谷仓"——东欧在 1946 年已经因为天气原因和土地改革遭受大面积歉收，1947 年的收成更加糟糕，整个欧洲危在旦夕。当时的美国总统顾问乔治·凯南——后来美国对苏整体战略的制订者——认为欧洲有整个跌入无政府状态或者极端主义复萌的现实危险。正是在这种背景之下，诞生了"马歇尔计划"，看上去它是一个经济援助计划，而实际上是为了缓解政治危机。

④ 托尼·朱特：《战后欧洲史》卷一，林骧华等译，北京：中信出版社，2014 年。

可口可乐的销售渠道被认为是美国间谍网络的一部分，将对法国的国家安全造成威胁。可见当时西欧知识分子阶层的进步思想倾向多么明显。

苏联不仅在 20 世纪 30 年代实现了经济高速发展，即使在"二战"结束后的第一个 10 年之内，苏东地区的经济增速也整体上超过西方阵营。因此不难理解为何当时支持和同情苏联的力量在西欧占据了上风，尽管人数属于少数，但是他们的思想更加一致，力量更加集中，相信只要这种趋势持续下去，具有制度优越性的社会主义必将超越资本主义，成为人类社会的主导力量，正如那句著名的宣言所说的那样"我们站在历史正确的一边"。

在欧洲之外，苏联模式对于"二战"之后摆脱殖民主义的国家也更加具有吸引力。苏联从一个落后的农业社会通过强力的中央计划和国家执行力，快速实现了国家的工业化并一跃成为欧洲最强军事大国，为这些新独立国家提供了榜样。尽管后者未必完全采取苏联的社会管理模式，但也大多借鉴了苏联的发展经验。当时，苏联模式在国际上相当广的范围之内被看成解决资本主义社会固有矛盾的现实希望。

1953 年斯大林去世，1956 年 2 月赫鲁晓夫在苏共二十大会议上做了"秘密报告"，严厉地批判了斯大林的肃反扩大化、个人崇拜及卫国战争初期的失误。这在西方左翼知识分子当中引起了不同的反响，一部分人因此改变了之前的支持态度，而另一部分则对赫鲁晓夫 1953 年之后采取的改革措施抱有很大期望，认为这标志着苏联模式蕴含了更广泛的包容性。在苏联新领导人的推动下，苏联对东欧国家的内政外交政策进行了一系列调整。然而，1956 年爆发的匈牙利事件打碎了这种一厢情愿的美好愿望。匈牙利时任部长会议主席的纳吉实施了"新方针"，率先开启了非苏联模式进程，在东欧阵营产生了共鸣，但很快因受到苏联的干预而中断。1956 年 10 月 31 日，纳吉宣布放弃"一党专政"并决定退出华沙条约组织，11 月 4 日苏军出兵匈牙利，占领布达佩斯并重组了政权。苏联在社会主义阵营之内诉诸武力解决国家分歧的做法令很多西方知识分子极其失望和不满。

值得一提的是，在匈牙利事件酝酿的过程当中，美国主导的广播电台"欧洲自由之声"一直鼓励匈牙利民众拿起武器武装反对苏联，宣称匈牙利的民主行动将获得美国的支援；教皇庇护十二世则连发三个通谕，支持爱国民众。然而，当纳吉在 11 月 1 日发表广播讲话，宣称匈牙利成为中立国并要求联合国承认其中立国地位的时候（实际上是在向西方发出紧急求援），纳吉的呼喊不仅没有得到任何回应，反而更加巩固了之后美国对于东欧事务坚决不加干涉的方针 ①。

匈牙利事件之后，西方国家的共产党力量受到严重影响而开始衰落，但这并不意味着马克思主义从此失去了阵地。仍然有不少西欧知识分子坚持认为马克思主义是改造世界的指导思想，苏联的错误正是因为背离了马克思主义的真正主张。1956 年之后，年轻的西欧左派知识分子开始将目光投向苏联之外的社会主义国家，比如古巴和中国。他们思想的普遍特点是对自我的完全否定和对外国模式的极力推崇。有位意大利作家将当时的中国歌颂为"中国人的世界是紧密的、健全的、绝对完整的"。这种情景似曾相识，在前面所述中国面临民族危亡的时候，中国的知识分子也曾同样表现出这种特点。

1968 年的捷克斯洛伐克改革（即"布拉格之春"）被认为是民主社会主义道路的一次尝试。"布拉格之春"的改革纲领力图探索具有本国特色的社会主义道路，提出建立尊重各阶级利益的政治机构民族阵线，恢复社会主义市场的积极作用 ②。这实际上意味着一条资本主义道路和共产主义道路之外的中间道路，是集体主义目标和个人自由的妥协共存。此时西方处于战后黄金年代的尾声，福利政策和劳资妥协机制逐渐失效，社会稳定已出现动摇，劳资关系重新陷入紧张状态。虽然捷克斯洛伐克领导人杜布切克吸取了 1956 年匈牙利事件的教训，没有鲁莽地提出退出华沙条约组织，但是他宣布的多党制仍然最终导致苏联于 8 月 21 日进军布拉格，改革运动夭折。这次事件标志着苏联模式作为人类未来发展方向的希望破灭了。尽管苏联的存在仍然代表着现实社会中的一种社会主义实践，但其思想感召力已经微乎其微了。

---

① 事实上，美国在 1953 年柏林动乱之后就已经认为苏联在东欧的统治不可动摇。在 1956 年 7 月的一份秘密文件当中，美国强调"不打算依靠战争来消灭苏联在其卫星国的统治"。National Security Council, NSC 5608, *Draft of "US Policy toward the Soviet Satellites in Eastern Europe"*, July 03, 1956, Wilson Center Digital Archive, https://digitalarchive. wilsoncenter.org/document/114689.pdf?v=3a512e95f4e727e714213ee287fe8313；胡舶：《冷战阴影下的匈牙利事件》，北京：中国社会科学出版社，2004 年。

② 陈平陵：《从布拉格之春到东欧剧变：评价、会议、思考》，北京：世界知识出版社，2010 年。

　　在"布拉格之春"发生之后的 20 年间，西欧的政党基本丧失了理论斗志，再没有任何政治团体提出什么具有影响力的社会改革新方案。失去历史方向导致各个党派的政治纲领也越来越难以区分，政治思考基本处于停滞状态。取而代之的是出现了一些单一目标的党派，例如主张环境保护的绿色党派或主张提高妇女地位的妇女党派等，这反映出社会改革的方向已经完全迷失 ①。在 1789 年法国大革命传统之下，左派一直笃信社会的"进步"是不可避免的，差别只在于主张通过暴力革命手段推动社会进步的一派是共产主义者，而主张通过非革命方式渐进推动社会进步的则是社会主义者，与之相对的是右派里面的保守派和反动派。可是如今，很少有西方政党关心如何对人类社会进行彻底的改造，也再没有人有志向去解决盘踞在现有制度深处的深刻矛盾，改造社会的雄心和勇气如今已经大不如前，大多数国家的政治辩论现在只不过是在一些细枝末节上纠缠不休。不仅普通大众对政治日益冷漠，连知识分子也采取了放任自流的政治态度。左派和右派之间的分歧也从关于社会改革的争论，逐渐退化为关于外来移民和社会福利这些特定情境下具体政策的争论。

---

① 环境保护、妇女权利、和平运动是三个最主要的新政治团体，它们的共同特点是跨越社会阶级和传统意识形态的身份认同。其中最活跃的是环境保护团体，它本身带有一定的地方主义和民族主义色彩。

经济主义的意识形态

当社会改革失去了政治上的动力源泉之后，人们在无可奈何之下只好把所有希望寄托在经济发展之上，企望经济改善和绩效提高能够或多或少缓解一些社会内部顽固的矛盾，甚至盼望也许会出现某种奇迹，当经济发展到达某个临界点之后，原有的制度肿瘤可以没有痛苦地不治而愈。于是，经济增长几乎成为一切当代政府理所当然的信条，"经济将无限增长"被奉为公理而无人质疑。在当今的时代，政治目标已默默退缩到舞台的角落，现实是由一位名为"发家致富"的演员上演的一场独角戏。"激进派"与"保守派"的分歧基本上与政治动员和社会变革无关了，在很大程度上要依据其对待全球化的态度来进行重新界定和划分，因为"自由市场经济"和"全球化不可阻挡"的观念合二为一，似乎正在成为主宰这个时代的新教义。

在关于经济增长的讨论中，"自由经济"和"计划经济"从经济制度的优劣讨论当中凸显而出，再次成为争论的重点。苏联轰然倒塌，西方的胜利被广泛地解读为自由社会制度的优越性，而苏联的社会制度则不加分析地成为失败学说的祭品。计划经济首当其冲被认为是苏联失败的主要原因之一，而"新奥地利经济学派"[①]强调自由竞争、反对任何干预的古典自由主义观点则在经历了数

[①] "新奥地利经济学派"的代表人物为路德维希·米塞斯和弗里德里希·哈耶克等人，都来自奥地利。他们支持自由市场经济，强调自发社会秩序和自我组织的自愿合作制度，反对凯恩斯主义的国家干预，认为政府对市场的干预会造成资源配置失效，在政治上则反对集体主义和社会主义。参见哈耶克：《通往奴役之路》，王明毅等译，北京：中国社会科学出版社，1997年。

十年的冷落之后重新大受追捧，甚至被神化为伟大的预言（1991 年，哈耶克因在奠定其学术声誉的《通往奴役之路》一书中"高瞻远瞩"而获得美国总统自由勋章）。

其实，实行计划经济的思想早在第一次世界大战之前已在欧洲广泛存在，只不过与"二战"之后的情况正好相反，当时崇尚自由主义的思想环境没有为计划经济的主张提供生存空间，无奈之下主张计划经济的力量只能转向有能力推行计划经济的极权势力。不可否认的是，在"二战"之前和战争期间纳粹德国制订了相当精细的经济计划并付诸实施，即使是 20 世纪 50 年代联邦德国的经济迅速恢复也不得不部分地归因于之前计划性的工业体系建设和投资[1]。

如果深入观察可以发现，哈耶克与凯恩斯一样，他们真正的关注点不是经济问题而恰恰是政治问题。哈耶克对计划经济的激烈反对态度主要来自其可能导致的政治后果而不是经济后果，这与他个人的实际遭遇息息相关。哈耶克1899 年出生于奥地利，在他大约 20 岁的时候奥匈帝国在第一次世界大战之后遭到分解，1919 年奥地利共和国成立。当时左翼政党进行了国有化和计划经济的尝试，但是没有取得成功，反而促使极右翼的少数派基督教民主党上台。1934年 4 月总理陶尔斐斯发动政变并实行独裁，宣布社会民主党和奥地利纳粹党非法，哈耶克等人被迫流亡国外，7 月陶尔斐斯又被纳粹分子刺杀。在国内经济危机和国际外交落败后，奥地利于 1938 年被德国吞并[2]。这样痛切的经验让维也纳学派诸人得出结论，计划经济和国有化导致威权主义，最终对社会造成严重损害，因此只有让政府远离经济生活才能保证社会的稳定。从此，计划经济被维也纳学派贴上了威权主义的黑色标签。

然而，他们的观点并没有得到广泛认可。在第二次世界大战之后，哈耶克等人的主张几乎被所有欧洲国家弃置不用。不仅仅是被苏联控制的东欧国家，甚至连西欧国家也进行大规模的国有化并推行计划经济政策。除了早在战前就已经国有化的意大利之外，英国和法国也加入这个行列，将最重要的产业收归

---

[1] 20 世纪 50 年代德国经济奇迹很大程度上依赖于 30 年代的复兴计划。纳粹在通信、军备、车辆制造、光学和化学、轻型发动机以及有色金属领域进行了大规模的投资，而战后联邦德国在规划方面的很多主管者曾经在纳粹德国的众多规划部门工作过。

[2] 艾伦·艾伯斯坦:《哈耶克传》，秋风译，北京:中信出版社，2014 年。

国有，包括银行、保险、采矿业、军工企业、汽车制造和飞机制造行业等等。如果追根溯源，除了在集权国家中计划经济受到重视之外，在所谓"自由国家"中的情况也大同小异。战争使得政府的权力意外地扩大，而战后的经济匮乏和巨大创伤又加强了民众对于政府的期望和信任。英国的工党在大选中击败了战时首相丘吉尔领导的保守党就是最好的例证，毕竟拥有了空前权力的工党政府才有机会推行计划经济和福利制度[①]。

战后欧洲的福利制度从根本上而言是对法西斯主义盛行原因的反思，是对社会内部放任自由竞争而导致的贫富差距鸿沟的纠正。如果政府不能安抚广大民众经济上的恐慌和不安，必然造成极端主义的泛滥，这是凯恩斯主义的核心观点。与维也纳学派一样，具有"战后繁荣之父"美称的凯恩斯的经济理论以解决失业和复兴经济为核心，认为政府干预经济应采取赤字财政政策和膨胀性货币政策，扩大政府开支，降低利息率，刺激消费并增加投资，从而提高有效需求以实现充分就业。因此，凯恩斯也不过是从经济学的角度来表达他对政治的严肃思考，他的观点与哈耶克并非完全对立。哈耶克并不直接反对计划对于经济的有效性，他担忧采取计划经济而招致威权主义，造成社会动荡。可以说，凯恩斯与哈耶克希望解决的现实和理论问题是一致的，都是要实现社会安定，避免极端主义思想流行，然而在解决共同关切的方法上两派各行其是[②]。

可以认为，如果没有"二战"之后社会各阶层达成某种共识和妥协，西欧的福利制度是不可能实现的。政府通过提高税收为福利制度提供保障，资方接受累进税制而工人则认可工资缓慢增长。在这个制度安排下，底层大众是主要的受益者，但是中产阶级也同样获得了益处，由于缓和了劳资矛盾，社会得以稳定，工人热情高涨，资本家也对此制度采取了支持的态度。因而，福利制度的积极效应体现出政府在对分配进行调节的过程中发挥的关键作用。

在对待社会福利的问题上，美国与欧洲实际上选择了两条不同的道路。与欧洲相比，美国的福利制度不仅覆盖范围相当有限，而且保障措施更加脆弱，资金的使用效率也大大不如欧洲（医疗保健体系方面的保障差距在此次新冠疫

---

① 参见托尼·朱特：《战后欧洲史》卷一，林骧华等译，北京：中信出版社，2014 年，第 3 章。
② 古德斯皮德：《重新思考凯恩斯革命》，李井奎译，北京：商务印书馆，2018 年。

情中一览无余）。更为令人惊奇的是，美国与欧洲的民众对于福利制度所持的态度也大相径庭。欧洲民众普遍接受这一制度以及背后所体现出的社会政治考量，更愿意为维持这一较为昂贵的制度承担更高的税负。而在美国恰恰相反，大多数人是反对高税收的，因为在美国梦的激励下他们自认为已经是或者即将成为美国最富裕阶层的一分子，反对高税收就是保护自己的现实或潜在利益[1]。事实证明，这种思想大多是一种幻觉而已。另外一个原因可能是，美国民众没有真正经历战争创伤的深刻体验，所以对于社会贫富差距可能造成的严重后果毫无概念。

战后的西欧，有不少国家是由社会民主党和基督教政党长期联合执政。在社会制度方面和道德意识方面双管齐下，缓和社会矛盾以维持稳定、促进社会和解，是西欧在战后迅速恢复元气及经济繁荣的保证。在这个历史阶段，为了应付政治挑战，社会民主党与基督教政党是盟友而非对手，他们共同的敌人恰恰是经济自由主义。这是欧洲政党和政治家从两次大战的惨痛教训中总结出来的经验，更是那个时代欧洲人的共同认知。

然而，时代变迁带来代际传承，新一代的历史经验必然造就出新的历史和现实观念。从20世纪60年代开始，战后的新生一代已经与他们的父辈在看待两次世界大战的教训和战后社会建设的原则方面产生了明显的隔阂。而恰恰在这个时候，西方国家经过了战后的一段黄金发展阶段之后，又再次陷入了生产过剩的危机当中。20世纪70年代西欧国家爆发经济危机的直接原因主要有两方面：一是美国因为越南战争而债台高筑，尼克松政府不得已放弃布雷顿森林体系而造成美元贬值货币危机；二是第三次中东战争所导致的石油危机冲击[2]。欧洲福利制度的基础——人口持续增长且充分就业——出现了松动，民众不满的矛头毫无疑问地指向了政府。年轻选民无法如同他们的父辈那样了解国有经济背后所蕴含的政治意义，单纯地认为经济困境的原因在于国有经济的低效率和政府对于市场的武断干预。于是，自由主义经济理论又卷土重来，开始夺回在"二

① 参见托尼·朱特：《事实改变之后》，陶小路译，北京：中信出版社，2018年，第17章。

② 仇启华、张伯里：《西方经济"滞胀"发展变化探源——基于美国经济的分析》，《世界经济》，1991年第5期，第1-8页；麦克纳马拉：《回顾、越战的悲剧与教训》，陈丕西译，北京：作家出版社，1996年，第11章。

战"之后失去的意识形态阵地。当遇到困难的时候，人们往往喜欢简单地转身而行，却不去思考当初如何转到这个方向上来的。或许这就是历史为什么看上去总是在螺旋重复，因为每一代人都有属于自己的历史思考的起点，之前走过的历史则可能被遗忘得一干二净。

原教旨的经济自由主义强调市场至高无上的地位，认为经济的理想状态应是市场不受到任何干预而完全自主运行，政府则远离一切经济活动。这种观念其实存在着一个隐含的假设，就是市场能够独立自我运行，而无须借助任何外在的维护力量。然而在现实当中，如果没有社会的稳定和各种社会准则和伦理的约束，市场如何能够顺畅运转？除此之外，当市场偏移了均衡状态的时候，如何引导市场向一个对于社会整体更加有利的均衡态移动？如何尽量缩短从一个均衡达到另外一个均衡的时间，降低非均衡状态可能引起的社会福利的损失？这些显而易见地都需要超越市场本身的力量，那无疑只能是政府。可以想象，一旦失去了这种外在的束缚力量，市场将无法控制自己的自发冲动，最终的结果将是市场的自我毁灭。新自由主义经济思想符合美国建立全球秩序的意图，因此在全球化进程中被奉为经典，可是没有多少人能够认真思考这种思想当初为什么会遭到社会的拒绝。

持续了30多年的凯恩斯主义首先在他的故乡英国遭到了抛弃。保守党首相玛格丽特·撒切尔推崇美国的经济模式，在20世纪80年代初开始了大规模的私有化运动①。短短十年间，英国出售了石油、电信、能源、航空和铁路等重要国有资产，不仅降低税收而且放松市场管制。工会的地位遭受了沉重的打击，大量工人失业而无法得到工会保护。在法国，社会党的总统弗朗索瓦·密特朗在1986年也开始将庞大的国有部门推向私有化。虽然与英国相比，法国的步伐更加谨慎，但是一些大银行、保险公司和石化巨头道达尔还是落到了私人投资者手里。与英法类似，私有化浪潮席卷了欧洲其他所有地区。浪潮过后，社会各阶层原有的共同目标愈益羸弱。国民与国家的关系也越来越疏远，政府不再承诺承担更多的公共义务，所有公共产品都因为公共事业的私有化而变成了

---

① "撒切尔主义"的主要内容包括：削减税收，支持自由市场自由企业，工业和服务业私有化，避免或减少国家干预。撒切尔强调中央集权主义，不断削弱地方政府的权力，并且通过立法限制工会发动罢工的权利，永久性削弱了英国工会的社会影响力。

商品①。

事实上，公共产品是一个国家的重要黏合剂，国有的公共行业不应单纯地追求经济效益，还要担负重要的社会职能。可以想象如果片面追求商业目标，那么所有投资将集中于人口稠密、商业发达的地区，而偏远的乡村会成为被遗忘的孤岛和颓坏之地，国家内部不同地域及所属的民众之间的隔阂也会日渐加剧，社会稳定根本无从谈起（对比一下中国和美国的手机信号覆盖率和电力覆盖率就可理解这种情形）。在2021年2月美国德克萨斯州大停电事件当中，政府的不作为成为典型的最新例证。大城市中灯火辉煌，而郊区农村则是一片黑暗②。美国某些贫穷社区因为没有缴纳防火保险，在失火时消防队甚至袖手旁观。富裕社区由于缴纳更多的教育税费，因此社区的学校经费充足，师资雄厚，该社区的孩子受教育水平得到保证，未来一片光明；贫穷社区则正相反，教育税费缴纳得少，社区学校拮据度日，教育水平低下造成该社区的孩子学习落后，更加难以改善后代的社会地位，于是富者愈富，贫者长贫。

欧洲的公共行业效仿美国实行了私有化之后，社会无形中消解成为无数个孤立的原子个体。国家向公司转变的结果是，每一个公民与国家之间的纽带似乎仅仅残存了一点微薄的股权关系。历史的时针仿佛回拨到了19世纪80年代，又是自由资本主义一次轮回。这一次是政府主动放弃了权力和责任，准备迎接即将到来的新一波的经济全球化③。

---

① 1977年英国工党詹姆斯·卡拉汉掌权，失业人口高达160万，在1979年大选中被撒切尔击败下台。1985年，经过撒切尔数年的改革，失业人口更上升到325万。撒切尔大量出售亏损的国有企业，但是政府财政并未因此改善，重要原因是失业救济大幅攀升。实际上，撒切尔的改革是把过剩的劳动力成本通过政府救济而社会化并由全体国民分担，从而提升了私营企业的盈利状况。

② 陈琪、薛静:《德州断电停水数十人被冻死，为何官员难被问责》,《澎湃新闻》,2021年3月1日。

③ 陈琪、薛静:《全球化已生死攸关？从两大矛盾与两点反思谈起》,《澎湃新闻》,2020年12月24日。

不安与失落

　　美国历史学家雅克·巴尔赞在其思想史名著《从黎明到衰落》中这样描述20世纪最后的10年："因为它看不到清晰的前进道路。它失去的是可能性。生活中艺术的各种形式已经用尽，发展的各个阶段也已经走完。制度的运作艰涩困难，造成的重复和失望让人难以忍受。"[①]21世纪的头20年已经过去了，这20年可以说是属于美国式全球秩序大行其道的20年。那么，当下世界与20年之前相比，时代的面貌发生积极的转变了吗？

　　这一波经济全球化的浪潮是由美国主导的，而上一波则是发生在19世纪末到20世纪初由当时世界第一强国大英帝国所主导[②]。二者之间虽然在很多方面类似，但是背后的主导力量存在着本质差别。毫无疑问，两次全球化都是由资本推动的，但是上一轮是以产业资本为动力，而这次背后站着的则是金融资本。产业资本通过投资、生产、销售获利而进行积累和扩张，金融资本则完全不同，它已经逐渐脱离传统的商业领域，而沉浸于虚拟世界当中。产业资本因为参与实际的生产过程，需要维持良好的社会环境和商业秩序，从某种意义而言是一种稳定性的力量。而国际金融资本对于实际生产销售过程是否盈利本质上漠不关心，其盈利的方式是通过虚拟经济的交易实现的，因此波动和不稳定才是金融资本赖以生存的基本要素和增值奥秘。所以，金融资本实际上是具有某种潜

---

① 雅克·巴尔赞：《从黎明到衰落：西方文化生活五百年，1500年至今》，林华译，北京：中信出版社，2018年。

② 皮尔逊、巴亚斯里安：《国际政治经济学：全球体系中的冲突与合作》，杨毅等译，北京：北京大学出版社，2006年。

在破坏性威胁的力量，制造可控制条件下的危机是其惯用的手段。

与产业资本相较，国际金融资本优势非常明显。首先，金融资本所受到的制约因素更少，不需要关注具体的生产活动和与之相关的各类麻烦，也不用参与整个过程。在现代的技术条件之下，巨量的金融交易可以在毫秒级别的时间之内完成，与产业资本相比，其盈利周期更加迅速和便捷，风险因素也更加集中而容易操控。拥有资金规模和操纵市场情绪往往是金融资本获利的重点，刺激市场和引导煽动参与者的情绪，制造各种各样的恐慌而从中渔利，是金融资本的不传之看家本领。由于可以使用丰富的金融工具，金融资本比产业资本的实力强大得多。不仅如此，金融资本可以自主制造经济波动创造投资机会，而产业资本只能被动搜索。所以，金融资本的获利更加丰厚，并越来越挤压产业资本而成为资本扩张的主要形式。随着金融资本规模的日益庞大，所需要的经济波动也越来越激烈，开始只是针对某一个行业，后来到针对某一个市场，再发展到以某一个国家为目标，不如此就无法满足金融资本获利扩张的内在本能。

在"一切为了经济增长"的指导原则之下，为了不断实现经济增长的目标，各个国家不得不采用或多或少的资产泡沫化的方式，想方设法刺激消费和吸引投资。这不仅造成各国政府债台高筑，民众的消费能力也被挖掘干净甚至严重透支，国民负债水平节节攀升。在被鼓励的透支消费条件下，普通民众的抗风险能力其实已经无限接近于零，而与此同时生产能力在全球布局流动，又使得企业的经营充满了变数。无论是知识密集型产业还是劳动密集型产业，从业人员随时面临着突然失业的风险。一方面是毫无储蓄抵抗风险，另一方面又随时可能失去工作，如此内外交困，普通民众如何承担。这次新冠疫情便暴露出美国大量普通民众几乎没有任何抵御风险的能力，超过一半以上的家庭没有任何储蓄。疫情来袭，失业率飙升，这些家庭生活面临困境。根据调查，美国银行储蓄率在疫情暴发之后陡然上升，说明很多人因为未来的不确定而提前储备。美联储估计，2020 年第一季度美国家庭净资产下降 5.6%。然而与此对照明显的是，有数据表明自 2020 年 3 月新型冠状病毒流行以来，美国亿万富翁的总财富增加了近 8000 亿美元，增幅超过 25%。造成这一结果的原因是，在疫情中穷人储蓄，富人借钱投资。美国股市借着美国政府大放水的机会一飞冲天，获利者主要是富裕阶层，贫富差距进一步加剧。"穷者愈穷，富者愈富。"与

2008 年金融危机的情景类似，美国每一次经济大危机都是富人占有更多财富的良机[①]。

当下的情形是，一个企业在一夜之间可能迁移到地球的另外一端，或者因为在遥远的国度发生的某件事情，通过国际产业链的蝴蝶效应传导毫无征兆地被摧毁。经营计划和职业规划往往因此显得毫无意义，无论是企业的经营者还是被雇用者，总是处在一种惶惑的情绪当中。在这种充满不确定性的社会环境当中，对于广大民众而言，一旦遭遇失业，政府提供的福利庇护将显得分外重要，也就是说政府需要采取有效的措施来尽量抵消全球化的负面效应。然而，许多在全球化中受益的人士仍然在不遗余力地鼓吹自由放任的全球化经济模式，而很多反对全球化的民众却没有清醒地意识到他们自己到底需要什么。实际上，他们真正需要的是一个更加有责任感并有能力承担兜底责任的政府。可是，在现实当中，这些民众还是紧紧抱着虚幻的所谓"自由"而抵制政府干预。要知道，他们所向往的那种"自由"实际上根本不属于他们。更为严重的是，一旦这些民众真的发现需要政府采取行动的时候，却又可能一下子走向另外一个极端，赋予政府无限制的权力，认为只有这样才能夺回原本属于自己的"自由"。殊不知如此做法只能输得更加彻底，原本看起来处于相互监督状态之下的政府很可能转眼之间打破平衡，权力会急速集中并且冲破束缚，广大民众只能再次成为牺牲品。

新的时代条件之下，产业竞争与以往已大不相同，再也不是只在企业与企业之间展开，而转变为国家与国家之间的较量。竞争的焦点集中在高科技领域，包括通信、人工智能、航空航天、新能源汽车制造等具有高技术门槛的领域。波音与空客的背后分别是美国与欧盟，双方不仅各自动用国家的经济力量支持本方的企业，例如巨额补贴和优惠贷款，而且政治力量也赤膊上阵，为本方企业在全世界抢夺订单，有时甚至不惜进行武力威胁。在汽车制造行业，早在"二战"结束之后，欧洲各国就全力支持本国汽车制造商。德国支持奔驰和宝马占领高档车市场，大众则把重点放在中低档车市场。与德国类似，法国的雷诺和

---

① 《疫情之下贫者愈贫富者愈富，14% 的美国人已耗尽储蓄》，2020 年 9 月 2 日，https://baidu. com/s?id=1676710194077711040&wfr=spider&for=pc。

意大利的菲亚特也都从政府获得了资金支持和银行贷款。而英国的利兰汽车公司由于没有得到政府足够的支持，逐渐失去了市场的优势地位。1949 年英国汽车产量在欧洲占比超过 50%，到 1975 年利兰汽车公司倒闭，最终被宝马收购[①]。在通信和人工智能领域的竞争则更加激烈，技术封锁开始成为打破全球化产业链的软肋。美国和欧洲把 5G 通信产业的国际竞争提升到国家安全战略的层次，美国对于华为的打压在泛安全化的理由下已完全政治化而且毫不遮掩[②]。在世界范围内，产业资本如今展现出明显的国家资本的特性，没有任何一个企业能够完全依靠自身的能力对抗来自一个国家的挑战。在一场博弈当中，当一方借助国家力量的帮助而获取竞争优势的情况下，另一方根本别无选择，如果不能采取同样的手段扳回劣势，就只能任人宰割。因此，只有全世界综合实力最强大的少数国家才有资格参与到核心产业的竞争中。

在经济方面，无论国家、企业还是个人，无一例外地被卷入了庞大的漩涡当中。当"经济至上"主宰社会思想的同时，传统道德的生存空间被严重压缩，甚至几乎无容身之地了。全球化带来的经济和道德困境早已非常明显，但人们往往仍然坚持认为企业的唯一目的是追求利润最大化。所以，尽管这些问题如此明显，但社会无法形成共识来要求企业承担任何社会责任。这种观念的根源似乎可以溯源到西方经济学中的"经济人"这一基本假设：每个人的唯一目标是追求个人利益最大化。如此向上推演至企业，乃至全球经济，都为了追求各自极致的财富，而这当中根本没有任何社会伦理道德的考量。社会的不公平被认为是人类的自然法则，贫富差距则是理所当然，正如亚当·斯密所言："人会倾向于佩服且几近崇拜富人和有权势之人，轻视或至少忽视穷人和生活条件一般的人，这种倾向乃是造成我们的道德情操腐败最大和最普遍的原因。"其实，亚当·斯密赋予《道德情操论》的重要意义远远置于《国富论》之上，可是今天似乎只有"无形之手"的假定被奉为圭臬。"人与人之间除了赤裸裸的利害关系，除了冷酷无情的'现

---

① L. J. K. Setright, *Drive On! A Social History of the Motor Car*, London: Granta Books, 2004.

② 从 2020 年 TikTok 收购事件上可以看出，有些国家为了自己国家企业的利益不惜明火执仗，强取豪夺。再联系到之前法国的阿尔卡特收购美国的朗讯，这类事件未必一定是有国家针对性的。

金交易'就再没有任何别的联系了……"① 尽管物质商品更加丰富，但这究竟是不是一个令人向往的"好社会"呢？在这样的社会，"经济人"代替了有机体的国民联系，商业原则代替了社会伦理，经济发展成为新的意识形态时尚。

西方在冷战中取得了胜利，但其内部存在的根本问题并没有因此得到解决。恰恰相反，外在安全和体制威胁的消失反而加剧了内部矛盾的激化，令西方国家再也无法为自身的社会危机寻找借口，西方制度的深刻伤痕更加明显地展露出来。

环顾今天的世界，美国式的全球化——这一时代的宠儿，已经充分地表现出它的任性与偏执，它在促进繁荣的同时也加剧了贫富差距，更加开放自由的市场导致了赢者通吃的糟糕困局。与以往不同的是，这是一场跨越国家的流行盛宴，两极分化不仅仅体现在国家与国家之间，更突出地体现在一个国家的内部。社会阶层之间的张力随之不断地积聚压缩，正在寻找着愤怒的宣泄出口。与此同时，不少政府却因为全球化丧失了一部分调节经济和社会矛盾的能力和资源，只能听任这种危险继续发展而束手无策。作为此次全球化的规划和主导者，"美国队长"已经先行弃船，并正在不遗余力地修改或创造性地摧毁这个其在"二战"之后亲手建立起来的国际体系。对世界贸易规则的践踏、对联合国权威的无视和对世界其他中小国家诉求的不屑一顾，这些原有国际体系的重要构件正在被美国选择性地逐个砸碎和抛弃。失去了领导者，这一轮全球化进程无以为继，或将遁入历史的阴影，人们或许现在只能希望它安静地离去，不要像上一次那般以一场世界大战作为谢幕。

2020 年一场突如其来的新冠疫情将国际体系的虚伪表皮无情地撕开，展露出内部血淋淋的事实：在高度发达的社会分工协作的体系中，尽管经济上相互紧密地依存，但是彼此的信任从未加深，政治上戒惧之心始终在潜滋暗长；人员交流虽然频繁，人类依靠科技也在不断突破空间限制，但彼此的思想和心灵相背而行渐行渐远，偏见和歧视正在蔓延；在物质相对富足的地球村里，精神的图景却是阡陌纵横、深沟高垒、画地为牢。

加缪在《鼠疫》中是这样描述病毒的："它不灭不死，它能沉睡在家具和衣

---

① 亚当·斯密：《道德情操论》，蒋自强等译，北京：商务印书馆，1997 年。

服中历时几十年，它能在房间、地窖、皮箱、手帕和废纸堆中耐心地潜伏守候，也许有朝一日，人们又遭厄运，或是再来上一次教训，瘟神会再度发动它的鼠群，驱使它们选中某一座幸福的城市作为它们的葬身之地。"① 我们今天所处的时代，真正的考验存在于社会的伤口深处，不仅仅折磨肉体，更加侵蚀心灵。"在巨大的灾难面前，未来已经成为那永远无法到达的彼岸，虚无缥缈。"

---

① 阿尔贝·加缪:《鼠疫》，刘方译，上海:上海译文出版社，2013 年。

历史的罗生门

——叙事的权利

如果"言论自由"是个人的一项基本权利，即每个人有权自主地对于外部发生的各种事情表达自己的看法和表明自己的支持或反对的态度，那么实际上，更为重要的一项权利是每个人都能按照自己的意愿对自身进行陈述，包括现状和历史。这种"自我陈述"实际上是一种自我认知和自我发现的身份认同过程。从某种意义而言，"自我陈述"的权利几乎可以等同于生存权。生存是物理性存在，表现的是每个人对于自己肉体的主导权；而自我陈述则是一种精神存在，表现的则是个人对于自身社会属性的主导权。假如一个人失去了陈述自己是谁的权利，更何谈"言论自由"呢？把对外的"言论自由"和对内的"自我陈述"合并在一起，我们不妨称之为"叙事权"。

国家和民族的共同叙事

　　几乎每一个古老的民族，都拥有属于自己民族源流的神话。古希腊的"奥林匹亚诸神"、北欧的"奥丁三兄弟"和日本的"天照大神"等，自古流传至今。即使是那些起初没有创世神话的部族，在民族形成之后也纷纷创建这种神话，比如罗马帝国崩溃之后的众多蛮族。神话为民族划定了某种边界，标志着这一民族存在的正当性。其实，不仅各个民族会流传自己的创世神话，很多历史上的著名人物也有属于自己的"神话故事"。比如，汉高祖刘邦的"赤帝之子"和"斩蛇起义"，日本天皇的"万世一系"，哈布斯堡王朝王室自称是古罗马皇帝的直系后代，等等。同样的道理，这些个人的"神话"是为了给自己的政治身份赢得正统性，为自己的政治行动提供合法性①。

　　即使到了现代，这种"神话"也依然存在，最为著名的恐怕莫过于"犹太复国主义"叙事了。"犹太复国主义者"认为只有建立一个犹太国家才能保证犹太人免遭压迫。依据《旧约》的记载，犹太民族在公元 1 世纪被罗马人从迦南故地（即今天的巴勒斯坦地区）驱逐。为了建立一个犹太国家，"犹太复国主义者"讲述了一个古老的犹太民族被迫背井离乡漂泊天涯、千年之后誓言回归故土的感人故事，并以此作为建立以色列国的道德和政治理由。然而，以色列犹太历史学家施罗默·桑德在其引起广泛争议的著作《虚构的犹太民族》当中，认为早期的犹太人大多是由原本信奉其他宗教的人改信犹太教之后形成的，而今天世界上的犹太人大抵是欧洲人信仰犹太教之后产生的，与迦南的古代犹太人渊

---

① 参见张学明:《中西神话》，北京：世界图书出版公司，2013 年；阿姆斯特朗:《神话简史》，胡亚敏译，重庆：重庆出版社，2020 年。

源关系实际上非常疏远[①]。恰恰相反，在今天巴勒斯坦地区的穆斯林却更有可能是当初古代犹太人的后裔，只不过他们后来改信了伊斯兰教。在这里我们不是要开展关于这个问题的严肃的学术讨论，而只是想借此说明，以色列最终得以建立实际上得益于"犹太复国主义者"在"二战"之后得到了当时各个强国的支持，而讲述一个古老犹太人回归的故事为以色列的建国提供了历史合法性。这个故事之所以能够在此之后一直得到国际社会的广泛接受并极少有人质疑，与现代犹太人在美国和欧洲各国拥有的非同一般的影响力是紧密相关的。换言之，这体现了一种合法性权利，一种"叙事"的政治权利[②]。

"叙事权"不仅仅是个人的一项基本权利，对于一个团体的凝聚力和政治生存也同样非常重要。任何一个团体的形成与持续都离不开一种"共同叙事"。团体的成员必然接受这种叙事，而当这种叙事能够吸引更多的人加入，团体就壮大，这种叙事越深入人心，团体就越巩固。同样，一旦失去了这种"共同叙事"，团体将陷入解体的命运。一个民族、一个国家、一种国际秩序的存在和维系莫不如是。

华夏民族之抟成，最基本的共同叙事是黄帝与炎帝苗裔之说。在中国古代氏族当中，氏族首领被称为"君"，氏族联合形成部族之后的部族共同首领则称"王"，而"帝"的称号实际上是天神之名。黄帝和炎帝实际上是部族的首领，相互之间曾经爆发战争。战后两个部族进行了合并，周围的其他小部族也纷纷加入进来，形成了一个统一的大部族。后来的部族首领都遵奉黄帝和炎帝为共同祖先，尧、舜、禹以及夏、商、周都把自己的宗族主动地纳入了黄帝的谱系当中[③]。到了西汉时期，司马迁更在《史记·五帝本纪》中完善了黄帝的谱系传承，甚至将匈奴也包括其中。自此之后"炎黄苗裔"成为汉民族最基本的民族认同，也就是汉民族核心的共同叙事，这对中国大一统的社会形态产生了深远意义。这种影响是如此深刻，以至于当一些非华夏的少数民族进入中原地区之后，汉族依然强调这种共同叙事，将这些少数民族的祖先追溯到炎黄谱系当中。比如鲜卑族的慕容氏和拓跋氏，唐朝人编写的《晋书》当中都把这两个族的祖

① 施罗默·桑德：《虚构的犹太民族》，王岽兴等译，北京：中信出版社，2017 年。
② 关于"犹太复国主义"，可以参见托尼·朱特：《事实改变之后》，陶小路译，北京：中信出版社，2018 年，第 11 章。
③ 赵昌平：《开天辟地：中华创世神话考述》，上海：复旦大学出版社，2019 年。

先定为黄帝[①]。有些少数民族则自己主动声称是炎黄子孙，比如后秦的羌族姚氏及后来建立辽国的契丹族完颜氏，则称自己的祖先是炎帝。不仅如此，辽国还认为自己才是正宗的炎黄子孙，代表了炎黄传承的正统。可以说，如果没有"炎黄苗裔"的共同叙事，华夏民族就不可能形成；如果不是一直坚持这种共同叙事，华夏民族也不可能逐步扩大，形成今天的汉族[②]。

汉民族的基本"共同叙事"强调共同祖先，因此祖先在汉民族观念中具有非常崇高的地位。同样，日本最古老的书籍《古事记》中记载天皇是天照大神的后裔，按照天神旨意管理日本列岛，这成为大和民族的"共同叙事"，造就了天皇在日本社会中难以动摇的地位。

另外一个类型的"共同叙事"并不来自古老传说和血统延续，而是往往建立在语言、政治和宗教观念以及某一件重大历史事件之上，这种情形在欧洲更加普遍。法兰西民族的前身是高卢人，属于凯尔特人的一支，以数百个独立部落的形式散居，公元前50年前后被恺撒率领的罗马军团征服而纳入罗马版图，经过通婚渐渐形成了罗马-高卢贵族。5世纪西罗马帝国崩溃之后，一支被称为"法兰克人"的日耳曼人入侵高卢，建立了法兰克王国。法兰克王国在公元800年达到了顶峰，加洛林王朝的查理曼大帝加冕为"罗马人的皇帝"[③]。公元843年，查理曼帝国分为西、中、东三部分，西面的称为西法兰克王国，也就是后来的法兰西。之后的数百年当中，随着法语的发展、天主教的普及以及君主制革命导致的国家疆域的确定，法兰西各个地区之间的文化逐渐趋于一致[④]。1789年法国大革命爆发，为了对抗前所未有的外部压力，法国内部更加紧密地团结在一起，最终形成了现代法兰西民族。所以，法国大革命及其所代表的人文主义和启蒙主义的"自由、平等、博爱"等思想观念构成了现代法兰西民族的"共同叙事"。

---

① 关于鲜卑拓跋氏有可能是汉将李陵之后的考据，参见陈寅恪：《魏晋南北朝史讲演录》，贵阳：贵州人民出版社，2007年，第5章。

② 关于中国民族的由来，可参见吕思勉：《吕著中国通史》，北京：新华出版社，2016年，第19章。

③ 哈罗德·莱姆：《查理曼大帝：法兰西、德意志与意大利的缔造者》，黄四宏译，北京：东方出版社，2020年。

④ 参见朱迪斯·本内特、沃伦·霍利斯特：《欧洲中世纪史》，杨宁等译，上海：上海社会科学院出版社，2007年，第14章。

在民族国家出现之后，民族认同与国家认同往往交织在了一起，而民族的"共同叙事"实际上代表了这一个国家国民的整体"共同叙事"，也以此作为维系国家独立存在的观念上的依凭。但是，世界上还有很多国家是在第一次世界大战之后独立的，而且并非单一民族国家。直到第二次世界大战之后，由于纳粹的肢解和苏联推行的民族迁徙政策，才将很多国家人为地改变成了单一民族国家。而在剩余的多民族国家当中，仍然需要在国家层面建立一种"共同叙事"，否则无法保持国家统一。无论是捷克斯洛伐克的毫无烟火气的"天鹅绒革命"，还是前南斯拉夫血流成河的种族冲突，最后都是以原有国家的共同叙事和国家政权的消失而曲终人散[①]。

最值得仔细观察的是作为种族熔炉的美国。作为一个多种族多元文化的移民国家，美国国民之间不仅缺乏一致的文化共同点，包括语言、宗教、历史传统等方面，而且由于其政治制度的原因，在建国之后并没有通过国家力量试图推动各个族群之间的融合，那么这样的国家将如何建构自己国民对于国家的"共同叙事"呢？更值得追问的是，这种叙事何以促使美国在短短不到百年后成为了世界上最强大的国家，甚至建立起全球霸权。

美国是一个名副其实的移民国家。除了最早期的盎格鲁-撒克逊的清教徒之外，陆续又不断地有新的民族加入。这些肤色不同、信仰不同、语言不同的民族从世界各地汇聚而来，总数超过了 4500 万人。在今天的美国，无论是爱尔兰后裔、犹太后裔还是波兰后裔的人数都已远远超过其本国的人口。非洲裔的美国人总数接近 5000 万人，也超过了非洲绝大多数国家的人口数量。如果从民族的多样性而言，美国看起来如同一件"百衲衣"[②]。由于美国并不是一个单一民族国家，因此其国家存在的正当性无法依赖于民族主义的政治观念建构，必须寻找到另外一种"国家叙事"才能团结国民，维护国家的社会边界。实际上，

---

① 战争当中和战争之后，纳粹德国和苏联都进行了大规模的民族强制迁移，而这种出于本国政治目的的行动造成了成千上万人背井离乡，但它确实将欧洲本来错综复杂的民族混居的情况人为地进行了梳理，形成了一些单一民族国家。而捷克斯洛伐克和南斯拉夫仍然是多民族混合而成的国家，特别是南斯拉夫，被认为由 6 个共和国、5 个民族、4 种语言、3 种宗教、2 个字母表组成，却由一个单一政党掌控。最终捷克与斯洛伐克和平分离，而南斯拉夫则爆发了严重的民族冲突。

② 参见托马斯·索威尔：《美国种族简史》，沈宗美译，北京：中信出版社，2015 年。

这种共同叙事早在清教徒第一次登陆北美的时候就已存在，并且一直延续到今天，这就是我们熟知的"美国梦"。"美国梦"最初的含义比较单纯，由于早期移民大多数是为了逃避各种各样的迫害——宗教压迫或者民族压迫——才决定移民北美，还有一部分移民是为了躲避战乱而来。因此，在各种小团体自治条件下，"平等"和"自由"是最好的共同叙事。虽然在现实当中并非那么完美，各种歧视和偏见仍然层出不穷，但是与这些移民原来的生活环境相比已大大改善，于是这种共同叙事成功地划定了美国的社会边界。

随着时间的推移，"美国梦"的具体含义也越来越清晰。"美国梦"宣称，美国不存在阶级隔离，每一个人都可以通过自身的努力而改善自己的社会地位，从而有望跨越阶级的鸿沟，实现向更高阶层的地位流动。"美国梦"赋予每个人在这片新大陆上均等的机会，并且在公平的条件之下自由竞争。权势必不可少但受到法律的限制，任何人可不受约束地尽情实现自我发展，政府不对公民进行干涉，公民的权利受到法律严密的保障。这些内容读上去仿佛是绝对个人主义的圣经，似乎充满了"自由的诱惑"，然而如果用另一种语言来解读，那就是在美国一切都要靠你自己，每个人只对自己负责。你如果落入贫穷失败的处境，那完完全全是你自己的错误；反之，如果你富有成功，那也只需要感谢自己，或许还要感谢另外一个存在——上帝。"美国梦"是美国社会的黏合剂，是美国这个国家得以存在的核心共同叙事。在现实当中，"美国梦"的另一个表现形式是美国的社会制度。美国人认为正是美国的独有的社会制度才得以保障"美国梦"能实现，只有美国优越的社会制度才把美国和其他国家区分开来。

正因为"美国梦"这个国家共同叙事对于美国而言是如此重要，在美国的政治中实际上存在着一条隐含的至高原则：美国必须不惜一切代价动用所有手段工具来维护"美国梦"的可信性，从而也就等同于维护美国社会制度的优越性。在美国的政治当中，美国的制度本身必须是完美的，如果美国政治出现任何问题，一定不是制度本身的错误，而错误的原因只能来自制度之外，正所谓"千错万错，制度没错"。

如果理解了这一条政治原则，就不难解释为什么在此次新冠疫情当中，美国的政治人物可以一致性地默许或者支持美国政府把抗击疫情失败的原因对外"甩锅"，把所有美国社会治理失败的原因都归结于外来因素。同样，我们也就能够理解为什么美国两党可以克服成见实现跨党派联合，共同遏制中国的发展和赶超。在"美国梦"的坚定信奉者看来，中国的壮大不仅仅给美国的全球霸权带来压力，更为致命的是可能直接威胁到"美国梦"的感召力。中国的相对成功正在曝光美国社会制度中的各种瑕疵甚至是某些重大缺陷，这对美国来说是无法接受的。美国需要压制中国，力图通过中国的持续失败和落后来证明美国制度的先进，从而彰显"美国梦"的魅力。

当然，假设中国的社会制度逐渐与美国相类似，恐怕还不至于引起美国如此强烈的反应，因为美国把与中国之间的竞争视为不仅关系到谁是世界第一的问题。对于美国而言，根本不存在"第一"或"第二"的选项，只有"第一"或"什么也没有"。事实上，美国和苏联一样都是"制度决定论"的乌托邦信徒。这两个国家也具有类似的情况，那就是依靠一种独特的"国家叙事"来维系国家的建构和存在。美国依靠的是"美国梦"，而苏联依靠的则是苏联式的社会主义。代价高昂的冷战对抗对双方来说根本上是两种社会制度或者说是"国家叙事"之间的对决，双方都相信自己的制度更加优越，认为自己才是历史的唯一宠儿。

苏联解体之后的惨痛经历令美国对于今天的世界变局感到更加不安和担心。在与中国的竞争当中，即使中国暂时处于下风，对于拥有悠久历史传统和深厚民族认同的中国而言，虽然从历史经验中体认到落后就会挨打，但在国家认同层面几乎毫发无伤；而相反，对于完全依靠所谓"制度优越"的美国来说，落后则可能是灭顶之灾，苏联的下场无疑是前车之鉴。这种焦虑心态早在 20 世纪 50 年代就表露无遗。当 1957 年 10 月 4 日苏联率先实现发射人类第一颗人造地球卫星之时，美国国内舆论是多么震惊和恐惧，所以才不惜耗费巨资研发航天技术。阿波罗登月计划投入最高峰时占用了全国 20% 以上的科研经费，该计划的年度费用超过美国 GDP 的 5‰[①]。这种不计代价投入的驱动力很大程度上是为了向全世界特别是美国国民证明美国的社会制度更加优越。当中国的发展之快超越了美国的预期之后，美国并不是根据现实去审视自身的认知是否出了什么问题，恰恰相反，美国所做的是竭尽诋毁和抹杀中国的成就，徒劳地希望通过这种限制性战略来维系其错误的看法。这如同一种理论被发现与现实不能相符合，某些偏执的科学家不是去检验理论是否存在缺陷而修正理论，却想方设法篡改

---

① 威廉·J. 德沙：《美苏空间争霸与美国利益》，李恩忠等译，北京：国际文化出版公司，1988 年。

现实数据，以这种掩耳盗铃的自欺方式来保持理论所谓的正确性和科学性。

按照这个逻辑推演，我们或许还可以得到一个颇为有趣的结论。欧洲各国之所以在对待中国的态度上与美国不尽相同，原因可能也正在于此。欧洲国家多为民族国家，立国主要凭借着民族主义的观念，而不是单纯依靠什么"法国梦"或者"德国梦"，这些国家与中国之间的竞争不会涉及国家存续的根本性问题，因此完全用不着如同美国那般敏感而激动。

既然"美国梦"这样重要，那就值得我们认真地考察一下"美国梦"在美国的真实实现情况。2004 年时，后来的美国总统贝拉克·奥巴马正在参选联邦参议员，做了一场名为《无畏的希望》的雄辩演说。他从一个非洲裔的美国移民角度再次完美地诠释了"美国梦"的内涵，获得了极大的成功，赢得了巨大的政治声望，为他在四年之后入主白宫奠定了政治基础[1]。不得不承认奥巴马的口才实在出众，在他口中的"美国梦"看起来如此引人入胜，但是实际上这一美国核心的"国家叙事"长期以来遭到美国知识界特别是文学界的深刻批判和揭露。1961 年，美国剧作家阿尔比创作了一部独幕荒诞剧，题目是《美国梦想》。剧中主要人物有四个，分别是代表美国历史经验的老夫人、代表美国资产阶级的太太、代表资本与财富却失去了生育能力的老爷，还有一个是他们在共同寻找的接班人。主要剧情非常简单，就是老夫人和老爷、太太都感觉来日无多，焦急地寻找接班人。而在此之前，他们曾经有一个接班人，却被太太、老爷共同杀死，现在需要赶紧再找到一位。这时突然出现了一位衣着华丽、形象出众的年轻人。他自我介绍说是最合适的接班人，因为他已经没有了头脑没有了心肝，只有一副美丽的躯壳和对财富无尽的追求。不仅如此，这位年轻人和之前被杀死的孩子很可能是亲兄弟，只不过被杀死的那位代表的是人文价值，而现在的年轻人象征的是理性价值。最终老夫人和太太、老爷一致认定他才是最合适的接班人，全剧结束。

尽管看上去和听起来很美，但不得不说"美国梦"早已褪去绚烂的色彩，只剩下苍白的阴影。美国社会严重的分裂根本无法缓解，阶层之间贫富的天差地别，再加上公共教育的衰败，导致这种差别正在进行代际传承。阶层之间的

---

[1]　巴拉克·奥巴马：《无畏的希望：重申美国梦》，罗选民等译，北京：法律出版社，2008 年。

实质流动早已停滞，阶级固化已经成为现实①。众多美国中西部铁锈带的普通民众在泥淖中挣扎，贫困孕育贫困，无知复制无知，他们抱怨、愤怒，并因此而怀疑一切。"美国梦"早已远去，可能从来就不曾属于他们，但是他们仍然以为错误不在美国，也不在他们自身，这一切的恶果都是因为来自美国之外的邪恶力量和不公平竞争。奥巴马的成功对于那些"铁锈带"的底层白人来说，如同是扎在心头的一根刺，彰显了他们自己的无能和屠弱，造成了他们深深的失败挫折感。因此，为了掩饰自己的脆弱和无力，他们在2016年大选中选择了特朗普，这个在各个方面看上去都与他们自我更加相似的"典型"美国白人富翁。

拜登政府上台之后，社会撕裂并没有得到缓解。2021年1月6日，在特朗普选举被窃取的鼓动下，特朗普的支持者举行大规模示威游行并"冲击国会大厦"。余波未平，遍布各地的"零元购"和恶性事件又频出不穷。保守力量和所谓"自由力量"彼此之间仍然攻讦不断。17岁的白人少年凯尔·里腾豪斯（Kyle Rittenhouse）开枪杀人却获判无罪更是激化了本已干柴烈火的种族矛盾。如今的美国，两派正在走向更加极端的立场，而拜登政府却对此无能为力，依旧在所谓"政治正确"的道路上一路狂奔。

2020年5月25日，一位非洲裔美国人遭到白人警察的暴力执法而意外身亡，美国因此多地爆发了大规模的抗议活动，而美国军队也已弓上弦刀出鞘，只等一声令下了②。不知道面对新冠疫情的折磨和严重社会不公的美国民众，心中的"美国梦"是否还在燃烧，恐怕此时此刻感到"无法呼吸"的不仅仅是那一位倒在地上被警察用膝盖压住脖子的小酒馆保安。这不禁令人联想起美国作家欧内斯特·海明威在他的名著《老人与海》中所描写的，当老人的马林鱼被鲨鱼吃光而只剩一副光秃秃的骨架的时候，为了给自己的失败找个借口，他只能淡淡地自言自语："可能是我走得太远了。"③

---

① 参见弗朗西斯·福山：《政治秩序的起源：从前人类时代到法国大革命》，毛俊杰译，桂林：广西师范大学出版社，2014年，第1章；埃利奥特·柯里：《特殊的冷漠：美国黑人遭受的暴力》，清华大学战略与安全研究中心新书通讯，2022年1月。

② Larry Buchanan, Quoctrung Bui, Jugal K. Patel, *Black Lives Matter May Be the Largest Movement in U.S. History*, New York Times, July 3, 2020, https://www.nytimes.com/interactive/2020/07/03/us/george-floyd-protests-crowd-size.html.

③ 海明威：《老人与海》，吴劳译，上海：上海译文出版社，2009年。

历史的叙事权

    历史本身也不过是一种"叙事"，而实际上我们每个人均生活在自己的历史当中。每一个人都是根据他相信的历史来观察和理解外部世界，并且据此做出理性或情感判断并采取行动。如果某一种情况之下，他对原本自己相信的历史产生了怀疑，通过某种方式修正了他心中的历史，那么对他而言历史发生了改变，而同时改变的还有他自己早先的信念。

    国际上的话语权根本上也是一种"历史的叙事权"，本质上代表的是彼时或此时国际结构中的地位和力量，只有胜利者才有权利解释一切历史事件。这种力量看起来或许不如航空母舰或者洲际导弹那般震人心魄，却是直接作用于人的心灵当中，影响和塑造着世人的观念。对现实的解读、对历史的解读和对未来的解读，都潜移默化地书写着每一个人心中的那部历史，也同时辐射着每一个人的思想和行为。这种权利标志着一种观念的权威发布权，是国家"软实力"中核心的部分。

    显而易见，现在流行的各种主流叙事都来自于近 500 年来主宰世界的西方知识界，无论是叙事的逻辑还是叙事的语言都是如此。在所有的叙事当中，最重要的一段是解释西方今天何以能比东方更加强大繁荣，为何西方可以主宰世界。数百年来的叙述几乎是一个老师教出来的论调，即强调西方的政治和经济的理念制度更加先进，宣称"民主"和"自由"这两个法宝造就了西方的辉煌成就，而同时也映照出东方的陈腐和落后。但是，这种叙述从没有涉及西方国家在资本主义初期对于殖民地的无情掠夺，有意忽视或弱化从非洲肆意掠夺劳动力的大规模奴隶贸易的罪恶，从来不说明正是通过这些不人道的手段才为资本主义完成了原始积累，并提供了资本主义生产所需的大量廉价的劳动力。当西方国家向全世界大肆兜售西方的价值观和社会制度的优越性时，却从未在闲暇之余探讨一下假如没有血腥的殖民主义，是否还能有后来鲜衣怒马的西方列强[①]。

1997 年亚洲金融危机爆发，亚洲尤其是东南亚国家的金融市场哀鸿遍野，甚至可以说自 20 世纪 70 年代以来积累起来的繁荣一夕之间灰飞烟灭也不为过[②]。导致亚洲金融危机的主要原因是西方资本大规模集体快速撤出，回归美国去投资方兴未艾的互联网科技。正是投机热钱的大规模流动造成了世界经济的动荡不安，但这一事件反映在西方的知识界反思中是发表大量的学术论文讨论东南亚国家的民主和法制建设的不足，将危机的原因归结为东南亚国家与西方国家相比在制度方面的本身固有缺陷，研究结论是应该更加全面地向西方学习。这种论调实际上是将此次危机解读成为一次西方社会制度更加优越的实证。

仅仅 11 年之后，在资本主义的中心美国爆发了金融危机，并且影响波及了全世界。而这个时候，主导国际话语权的西方国家又是如何解读金融危机的原因呢？2008 年的世界首富沃伦·巴菲特在接受采访的时候轻描淡写地辩解说："你可以把美国经济想象成一列沿着一条没有终点的轨迹高速行驶的经济列车，列车在前进的途中会搭载货物和乘客。现在的美国有 3.3 亿人，而在 1790 年的时候只有 400 万人。我们农场的生产力得到了极大的提升。现在有 5200 万座住宅，但是在过去我们只有些许小屋。我们现在还有很棒的大学。要知道，搭载的乘客和货物越来越多，偶尔火车也会出轨。"[③] 与 11 年之前的亚洲金融危机相比，在巴菲特看来，这次规模更大、损失更加惨重的全球性金融危机不过是一次火车出轨的偶然事故；11 年前的地区性危机是因为东南亚国家的制度有问题，而 11 年后的危机则只不过是一时的不小心，与美国的制度毫无关联。当被问及谁应

---

① 关于历史学中存在的"西方中心论"问题的讨论，可参见阿诺德·汤因比：《人类与大地母亲》，徐波等译，上海：上海人民出版社，2016 年，序言。

② 斯蒂芬·哈格德：《亚洲金融危机的政治经济学》，刘丰译，长春：吉林出版集团有限责任公司，2009 年。

③ 《巴菲特解释 2008 年金融危机》，https://zh-cn.facebook.com/ChineseWSJ/videos/%E5%B7%B4%E8%8F%B2%E7%89%B9%E8%A7%A3%E9%87%8A2008%E5%B9%B4%E9%87%91%E8%9E%8D%E5%8D%B1%E6%9C%BA/714592075545179。

当为此次金融危机负责，巴菲特微笑着说："泡沫总是很难确定源头的，实际上没有源头，每个人都要负一份责任，有些人愚蠢，有些人不道德。华尔街参与其中，但是民众也参与其中。"这种模棱两可、混淆视听的表述，却被国际社会广泛地接受，从而避免了对西方制度的任何怀疑，这就是主导叙事权的威力。

西方国家在 20 世纪 60 年代后期陷入了新一轮的产能过剩，再加上 70 年代的原油危机，导致社会出现持续动荡。为了应对经济危机，西方发达国家开启了一轮大规模的产能转移，选中的目标是亚洲几个与西方关系密切的国家和地区，比如韩国、新加坡、中国香港和中国台湾。通过劳动密集型产业的转移，西方国家实现了社会转型，经济结构从制造业为主向服务业为主转变，这也是今天我们看到的西方国家制造业空洞化的肇始。但是，西方国家在转型之后，产业资本也同时向金融资本演化，通过在全球产业链中的优势地位，不仅获得了比以往更丰厚的收益，同时也成功转嫁了各种社会成本，比如环境污染、劳工保障等，因此受益匪浅。与此同时，这些大量接纳了西方国家过剩产能的国家和地区经济上也实现了高速增长，一时间成了所谓"亚洲四小龙"。而值得注意的是，除了英国统治下的香港之外，其他几个国家和地区都不是美国所认同的所谓"民主体制"。简言之，这个过程不过是西方国家利用技术和资金优势向发展中国家和地区转移社会成本而已。但是由于掌握了叙事权，这一过程被解读成为"亚洲四小龙"接受西方先进的社会理念，引进西方先进的技术，学习效仿资本主义的经济模式而实现了经济腾飞和奇迹。此外，由于接纳西方产能而对发展中国家造成额外的环境压力，也被认为是社会制度落后的表现，而实际上不过是发展中国家替发达国家承担了更多的环境成本而已。在过去，中国的环境问题一直被西方国家在道德上所诟病，被描述成制度性的缺乏和人权的缺陷，殊不知西方的蓝天碧水正是使中国这样的发展中国家承受巨大的环境压力的原因之一[①]。近年来，当亚洲一些发展中国家拒绝再成为西方发达国家的垃圾投放地的时候，居然又被批判为违反人权，双重标准和损人利己的逻辑昭然若揭。

美国在 20 世纪七八十年代进行产业升级和社会转型是经过慎重思考的主动

---

① 《中国是危险废物转移受害者，专家批西方双重标准》，《第一财经日报》，2006 年 12 月 12 日，http://news.shm.com.cn/2006-12/12/content_2049391.htm。

选择，制造业对外转移是在国家政策层面上有序进行的。最早接受美国制造业的不是中国，而是美国的盟友联邦德国和日本。但是今天为了符合美国将中国塑造成美国制造业空心化"罪魁祸首"的虚假叙事，以此来蒙蔽美国劳动者并且转移矛盾，美国的媒体机器将中国加入世界贸易组织的二十年歪曲为中国抢夺美国劳动者工作岗位的二十年，甚至以救世主的口气自我吹嘘说改革开放后中国成为世界第二大经济体归功于美国"重建中国"的施舍和恩赐，而把美国的制造业衰退和贸易逆差诿过于中国与公平贸易相悖的"关税、配额、货币操纵、强制技术转让、知识产权盗窃以及像发糖果一样随意发放产业补贴"的政策手段[①]。这种满腹牢骚的抱怨和对华用强的姿态完全罔顾中国加入 WTO 后美国企业大规模进入中国投资为美国创造了多少财富，中美贸易又为美国的广大国民提供了多少价廉物美的消费品，保障其生活水平不断提高的事实。

西方世界长期以来另外 个影响深远的叙事是"种族论"。在 19 世纪下半叶，世界上的人类被西方学者人为划分为白种人、黄种人、黑种人等，而人类学主要根据史前发掘和基于进化论的研究方法关注人群之间有何差别以及人类不同社会类型的由来。人种于是有了生物学和社会学上的优劣之分。而在所有人种当中，白种人无疑是最进化的，其他人种相对而言处于幼稚阶段，因此需要白种人的监督看护，而其他人种对于白人则应该谦卑服从。经过进一步的理论发展，某些特质也被赋予不同的族群。比如按照当时人类学家所说，北欧人的头颅是方形，所以其特质是开拓性的，具有勇气和创新精神，而英国、美国、德国属于北欧人种，因此这些国家注定会兴旺发达。而"地中海种族"由于其头颅的形状是圆形，所以天性懦弱，需要被别人保护，也就是说地中海周围的拉丁国家注定越来越落后[②]。20 世纪初遗传学出现之后，这种人种优劣的学说更是被蒙上了一层新的所谓科学外衣而产生了"优生学"，实际上成为日后纳粹德国人种改良计划的理论基础。尽管这些观念，今天看起来都是缺乏科学依据的无稽之谈，

---

① 2018 年 10 月 4 日，美国副总统迈克·彭斯在哈德逊研究所演讲时，将中国描绘成辜负了美国期许的国家，认为中国的"成功在很大程度上是由美国在中国的投资所推动的"，"在过去的 25 年里我们重建了中国"。

② Karim Murji, John Solomos, *Racialization: Studies In Theory And Practice*, Oxford: Oxford University Press, 2005.

绝大多数人能够识别出这种说法无非是为某些特定的国家奴役压迫其他国家提供的所谓合理解释，借此不仅可以巩固内部的团结，同时通过灌输这种观念能够无须强制地削弱被压迫人民的抵抗意志。然而，又有谁能够否认这种叙事对人类社会已经造成了沉痛的灾难，时至今日这种思想仍然潜伏在不少人的思想深处，而种族主义带来的分歧和裂痕究竟用多少血泪才能填平！"优生学"并未随"二战"结束而消失，在加拿大和瑞典一直延续着。据统计，瑞典直到 1976 年才停止其"优生学"实践，从 1935 年至 1976 年，大约有 6 万名瑞典妇女被迫绝育①。

---

① 张迪：《优生学的伦理反思——人类遗传学的历史教训》，北京：中国社会科学出版社，2018 年。

中国的故事

西方国家占有舆论优势，利用新旧媒体对中国进行价值观攻击和政治抹黑，在战略竞争的旗帜下通过偷换概念和混淆事实来夸大中国的负面新闻以制造思想混乱，激化社会矛盾和民众不满，从而实现遏阻中国发展的舆论动员。如果在某一方面西方领先就夸大其重要性，渲染自己的道德价值的吸引力；相反，如果在某一方面落后于中国，就竭力贬低其重要性，并编织各种理由来证明中国成功的不正当性。新冠疫情出现后，西方媒体跟随美国政客渲染"武汉病毒"和对中国进行追责，污名化中国的抗疫努力。在目睹了中国抗疫成功的事实之后，西方媒体则转而强调中国的动态清零给全球供应链造成了压力。即便在国际社会担心疫情冲击供应链稳定的情形下，美国智库和媒体仍不遗余力地配合拜登政府以所谓"种族灭绝"为借口对新疆产品进行制裁。西方媒体对中国形象的刻意抹黑，显示了西方国家精英对中国特色社会主义道路影响力扩大而增加的担心，反而折射出西方思想界对自身政治体制僵化和政治极化的迷茫和不自信①。

风起于青萍之末，止于草莽之间。我们应该清醒地意识到，中华民族伟大复兴的道路上仍然充满险阻，西方拖延阻碍中国发展的图谋从未停歇，利用舆论手段从内部进行分化乃至颠覆一直是其惯用的手法。尽管 2020 年的新冠疫情以及美国的大选无情揭露了西方多年来营造的假象，但是不得不承认，由于长时间的思想惯性，在广大民众和思想界当中仍然存在一定程度的对西方盲目崇

---

① 陈琪、郭泽林：《警惕西方对华无脑黑》，《人民论坛》，2020 年 6 月上旬号。

拜的观念。这集中表现在桎梏于西方的基本观念和价值体系，从西方中心论的出发点来看待世界的发展。随着亚太经济体的崛起，西方的体系已经越来越不能恰当地解释人类的社会实践和发展趋势，一种跳出西方中心论的更加多元化的叙事体系正在呼之欲出。要想讲好中国故事，必须要尽快寻找到一种符合中国历史和现实的叙事方式，否则无法进行有力的回击。在与西方的思想博弈的斗争中，向世界解释中国的发展理念，保障中华民族伟大复兴的顺利实现，这个任务已经迫在眉睫。

我们长期以来一直想讲出"中国故事"，但是没有机会，坦白地说是缺乏实力支撑的话语权。在这个世界上，往往只有成功者的经验才会得到关注，才会有人倾听。新中国努力奋斗了数十年，终于为自己重新一点一滴地夺回些许"讲故事"的权利。不可否认的是，西方长期主导着话语权，要想有朝一日真正赢回话语权依然任重而道远。

在社会科学领域，理论往往用来解释领先者的实践活动。比如，早期最著名的经济学家都是英国人，因为当时英国的经济最发达，经济学家要找到英国经济发达的原因。后来更加权威的经济学家则是美国人，因为美国接替英国成为世界的经济最强国，经济学家的工作变成了解释美国经济发达的原因，解释美国经济模式的优越性，号召其他国家学习借鉴。若是如此，那么如果在若干年之后，中国取代了美国在世界上的经济地位，是不是就意味着那时候经济学家最重要的研究对象不再是美国而是中国了呢？软实力终究还是要以硬实力作为基础，而硬实力又可以因软实力的加持而更加有效地拓展，二者相辅相成，缺一不可。

讲好中国故事并向世界展现可信、可爱、可敬的中国形象，已经成为新时代中国的重要课题。那么，什么才是"中国故事"呢？除了必要的宣传之外，更重要的应该是与全世界分享中国发展的经验和教训。中国的现代化历程荆棘密布、崎岖坎坷，能够成功带领如此庞大的人口摆脱贫困并奋力走向共同繁荣富裕之路，这一成就在整个人类历史上是空前的，其中必然有很多宝贵的经验值得总结，可以提供给整个世界作为有益的参考。"叙事权"不应当只是作为强者欺凌弱者的遮羞布，也不应该成为粉饰缺陷和失败的美颜镜头。讲好"中国故事"的重要目的之一是要破除盘踞人类社会数百年的"欧洲中心论"和"唯西方论"，促进全世界在一个更加平等开放的基础之上对人类发展的未来进行严肃的思考。"中国故事"需要从一个全新的角度诠释对于人类社会发展的认识，阐述对于东西方思想的新见解，解读人类社会演变历史的非西方经验规律，展现对人类未来道路的不同愿景。

"中国故事"的听众不仅仅是国际社会，首先更应该是中国人自己。中国人需要了解我们的国家和民族是如何从数千年之前一路走来，这期间经历过怎样的起起落落，中国人需要明白为什么我们会在一百多年前遭受屈辱，而又是怎样从泥淖之中爬起来，筚路蓝缕，一步一步走向民族复兴。中国人需要知晓我们前进的方向在哪里，未来的路上还将遭遇哪些困难，而我们准备怎样克服它们。西方思想界的固有偏见甚至信息战谎言除了表明西方保守势力不愿和不能正视中国的快速崛起之外，也与我国所处的发展阶段有关。2021年中国自豪地宣布全面建成小康社会，但经济体制改革进入攻坚期和深水区，必然还将继续涉及利益关系的深度调整，触及需求、供给、分配、发展等多方面的深层次矛盾。从短期来看，地缘政治的复杂性和世界经济的不确定性明显增加，逆全球化思潮及民粹主义在发展中国家和发达国家都有不同程度的抬头，中国经济面临需求收缩、供给冲击、预期减弱的三重压力。如何客观认识这些不同层次的变量，不仅关系到对民族复兴必然趋势的阐释，更考验着中国故事的韧性和叙事能力。

重要的是，要想讲好"中国故事"需要用"中国的语言"来讲。数百年来，"西方的语言"几乎占领了整个思想舆论阵地，这是为了讲述西方的故事而设计的。如果用"西方的语言"来讲一个起点和逻辑大不相同的"中国故事"，必然如同用拉丁语演唱京剧、用希腊语朗诵唐诗一般不伦不类。然而，现在面临的棘手问题是尚未能建立一套恰切而完整的"中国的话语体系"。自从鸦片战争之后，西学东渐，中国的知识阶层一直是按照西方思想体系接受教育，难免形成一定的思维定式。但需要清醒地认识到，在西方的话语体系中我们恐怕无法完美诠释中国故事。因此首先要自觉地跳出西方思想的窠臼，重新建立一套属于中国故事的叙述语言，这是一个非常艰巨的叙事权的博弈和转换进程，却是必须要完成的思想建设和理论建构的任务。

参考文献

中文文献

阿尔贝·加缪. 鼠疫 [M]. 刘方，译. 上海：上海译文出版社，2013.

阿列克西·托克维尔. 论美国的民主 [M]. 董果良，译. 北京：商务印书馆，2017.

阿姆斯特朗. 神话简史 [M]. 胡亚豳，译. 重庆：重庆出版社，2020.

阿诺德·汤因比. 历史研究 [M]. 郭小凌，等译. 上海：上海人民出版社，2016.

阿诺德·汤因比. 人类与大地母亲 [M]. 徐波，等译. 上海：上海人民出版社，2016.

埃德温·马丁. 英美对共产党在中国胜利的反应 [M]. 姜中才，译. 北京：社会科学文献出版社，2016.

埃利奥特·柯里. 特殊的冷漠：美国黑人遭受的暴力 [Z]. 清华大学战略与安全研究中心新书通讯，2022 年 1 月.

艾伦·艾伯斯坦. 哈耶克传 [M]. 秋风，译. 北京：中信出版社，2014.

艾瑞克·霍布斯鲍姆. 帝国的年代：1875—1914[M]. 贾士蘅，译. 北京：中信出版社，2017.

艾瑞克·霍布斯鲍姆. 革命的年代：1789—1848[M]. 王章辉，等译. 北京：中信出版社，2017.

艾瑞克·霍布斯鲍姆. 极端的年代：1914—1991[M]. 郑明萱，译. 北京：中信出版社，2017.

艾瑞克·霍布斯鲍姆. 资本的年代：1848—1875[M]. 张晓华，等译. 北京：中信出版社，2017.

奥古斯丁. 上帝之城 [M]. 王晓朝，译. 北京：人民出版社，2018.

巴拉克·奥巴马. 无畏的希望：重申美国梦 [M]. 罗选民，等译. 北京：法律出版社，2008.

保罗·克里瓦切克. 巴比伦：美索不达米亚和文明的诞生 [M]. 陈沅，译. 北京：社会科学文献出版社，2020.

贝娅特·科勒-科赫. 欧洲一体化与欧盟治理 [M]. 顾俊礼，等译. 北京：中国社会科学出版社，2004.

本尼迪克特·安德森.想象的共同体——民族主义的起源与散布[M].吴叡人，译.上海：
　　上海人民出版社，2016.

彼得·伯格，格瑞斯·戴维.宗教美国，世俗欧洲？[M].曹义昆，译.北京：商务印书馆，
　　2015.

毕尔麦尔.中世纪教会史[M].北京：宗教文化出版社，2010.

查攸吟.日俄战争全史[M].北京：中国长安出版社，2018.

晁福林.霸权迭兴：春秋霸主论[M].北京：生活·读书·新知三联书店，1992.

陈刚.近百年来法国共产党选举市场表现分析[J].法国研究，2017(4):1-9.

陈海宏.甲午战争与日本资本主义的发展[J].兰州学刊，1991(3):78-82.

陈平陵.从布拉格之春到东欧剧变：评价、会议、思考[M].北京：世界知识出版社，
　　2010.

陈琪，郭泽林.警惕西方对华无脑黑[J].人民论坛，2020年6月上旬号.

陈琪，黄宇兴.国家间干涉理论·春秋时期的实践及对当代中国的启示[M].北京：社会科
　　学文献出版社，2012.

陈琪，柳惊耀.国际规则视角下的修正主义：特朗普政府对国际秩序的态度分析[J].当代
　　亚太，2020(3).

陈琪，薛静.德州断电停水数十人被冻死，为何官员难被问责[N].澎湃新闻，2021-03-01.

陈琪，薛静.全球化已生死攸关？从两大矛盾与两点反思谈起[N].澎湃新闻，2020-12-24.

陈寅恪.魏晋南北朝史讲演录[M].贵阳：贵州人民出版社，2007.

成臻铭.中国古代政治文化传统研究[M].北京：群言出版社，2007.

仇启华，张伯里.西方经济"滞胀"发展变化探源——基于美国经济的分析[J].世界经济，
　　1991(5):1-8.

大隈重信.日本开国五十年史[M].上海：上海社会科学院出版社，2007.

戴秉国.战略对话——戴秉国回忆录[M].北京：人民出版社，2016.

邓纯东.民主制度的好坏该由什么来评判[J].世界社会主义研究，2017(3):123.

邓乐群.刘渊宗汉立国的历史评价[J].南通大学学报(社会科学版)，2005(4):114-119.

蒂莫西·斯奈德.民族的重建：波兰、乌克兰、立陶宛、白俄罗斯(1569—1999)[M].潘梦
　　琦，译.南京：南京大学出版社，2020.

渡边信一郎.中国古代的王权与天下秩序[M].徐冲，译.北京：中华书局，2008.

房龙.人类的故事[M].夏欣茁，译.上海：上海译文出版社，2017.

冯友兰.中国哲学史[M].成都：四川人民出版社，2020.

弗朗西斯·福山.政治秩序的起源：从前人类时代到法国大革命[M].毛俊杰，译.桂林：
　　广西师范大学出版社，2014.

弗朗西斯·福山专访 [N]. 瑞士新苏黎世报, 2017-03-18.

傅高义. 邓小平时代 [M]. 冯克利, 译. 香港：香港中文大学出版社, 2012.

傅海波, 崔瑞德. 剑桥中国辽西夏金元史 [M]. 史卫民, 译. 北京：中国社会科学出版社,
　　1998.

葛兆光. 宅兹中国——重建有关"中国"的历史论述 [M]. 北京：中华书局, 2011.

宫力. 1979 年中越边境冲突中的美中苏三角关系 [J]. 国际观察, 2004(3).

宫力. 从中美缓和到实行"一条线"的战略 [J]. 中共中央党校学报, 2002(2).

古德斯皮德. 重新思考凯恩斯革命 [M]. 李井奎, 译. 北京：商务印书馆, 2018.

顾长声. 传教士与近代中国 [M]. 上海：上海人民出版社, 1981.

哈罗德·莱姆. 查理曼大帝：法兰西、德意志与意大利的缔造者 [M]. 黄四宏, 译. 北京：
　　东方出版社, 2020.

哈耶克. 通往奴役之路 [M]. 王明毅, 等译. 北京：中国社会科学出版社, 1997.

海明威. 老人与海 [M]. 吴劳, 译. 上海：上海译文出版社, 2009.

韩长青, 吴文成. 外交承诺与战略试探——万斯访华与中美关系正常化 [J]. 外交评论,
　　2014(6).

郝松枝. 全盘汉化与北魏王朝的速亡——北魏孝文帝改革的经验与教训 [J]. 陕西师范大
　　学学报 (哲学社会科学版), 2003(1):73-77.

黑格尔. 哲学史讲演录 (第一卷)：导言、东方哲学、希腊哲学 [M]. 贺麟, 等译. 北京：商
　　务印书馆, 1959.

亨利·梭罗. 瓦尔登湖 [M]. 徐迟, 等译. 北京：中国宇航出版社, 2016.

胡舶. 冷战阴影下的匈牙利事件 [M]. 北京：中国社会科学出版社, 2004.

霍布斯. 利维坦 [M]. 黎思复, 等译. 北京：商务印书馆, 2017.

贾士毅. 民国财政史 [M]. 郑州：河南人民出版社, 2016.

姜守明. 民族国家形成时期英国殖民扩张特点探析 [J]. 世界历史, 2004(2):78-87.

姜守明. 中世纪西欧封建制的演进与解体 [J]. 历史教学, 2020(8)(上半月刊):17-20.

金光耀, 金大陆. 从地方志资料看知识青年上山下乡 [J]. 当代中国史研究, 2015(3):112-
　　122.

孔子, 公羊寿. 春秋公羊传 [M]. 北京：中华书局, 2016.

拉塞尔·柯克. 美国秩序的根基 [M]. 张大军, 译. 南京：江苏凤凰文艺出版社, 2018.

李超. 近代反专制视域下的批判儒学思潮 [J]. 江南大学学报 (人文社会科学版),
　　2014(5):17-22.

李方. 前秦苻坚的中国观与民族观 [J]. 西北民族研究, 2010(1):61-70.

李剑. 中国近百年政治史 [M]. 北京：中华书局, 2019.

李剑鸣. 英国的殖民地政策与北美独立运动的兴起 [J]. 历史研究, 2002(1):163-174.

李捷．物极必反——60年代的中国国内政治与中美关系[M]//姜长斌，罗伯特·罗斯．从对抗走向缓和——冷战时期中美关系再探讨．北京：世界知识出版社，2000.

李开元．汉帝国的建立与刘邦集团：军功受益阶层研究[M]．北京：生活·读书·新知三联书店，2000.

李丽霞．清末中央财政危机与政府应对——以盐政改革为中心的考察[J]．求索，2016(5):162-166.

李绍强．论明代官私工商业经济的演变[J]．齐鲁学刊，2004(4):156-160.

李慎明．居安思危：苏共亡党二十年的思考[M]．北京：社会科学文献出版社，2011.

利玛窦．利玛窦书信集[M]．文铮，译．北京：商务印书馆，2018.

梁漱溟．东西文化及其哲学[M]．上海：上海人民出版社，2015.

列利丘克．苏联的工业化：历史、经验、问题[M]．闻一，译．北京：商务印书馆，2004.

刘城晨，翟新．战略调适与联盟瓦解：分化联盟的实践路径[J]．世界经济与政治，2016(4):53-79.

刘丰．联盟与国际秩序[J]．当代美国评论，2019(3):3 19.

刘光胜．三监之乱与周公治国谋略的展开——以清华简《皇门》为中心的考察[J]．古代文明，2020(3):63-70.

刘军，李海东．北约东扩与俄罗斯的战略选择[M]．上海：华东师范大学出版社，2010.

刘梦佳．法兰西第三共和国的殖民转向——从1885年关于殖民问题的议会辩论谈起[J]．史学集刊，2018(4):120-128.

刘永成．清代前期农业资本主义萌芽初探[M]．福州：福建人民出版社，1982.

刘宗绪．世界近代史[M]．北京：北京师范大学出版社，2004.

陆士谔．新中国[M]．上海：上海古籍出版社，2010.

路瑞锁．国民政府的"黄金十年"[J]．资本市场，2012(12):126-127.

论语[M]．北京：中华书局，2006.

罗伯特·杰维斯．国际政治中的知觉与错误知觉[M]．秦亚青，译．北京：世界知识出版社，2003.

罗伯特·卡根．美国缔造的世界[M]．刘若楠，译．北京：社会科学文献出版社，2013.

罗伯特·康奎斯特．最后的帝国：民族问题与苏联的前途[M]．刘婧兆，等译．上海：华东师范大学出版社，1993.

罗荣渠．门罗主义的起源和实质——美国早期扩张主义思想的发展[J]．历史研究，1963(6):99-116.

罗素．西方哲学史[M]．何兆武，译．天津：天津人民出版社，2014.

吕思勉．两晋南北朝史[M]．上海：上海古籍出版社，2005.

吕思勉．吕著中国通史[M]．北京：新华出版社，2016.

吕思勉 . 先秦学术概论 [M]. 北京：东方出版社 , 2008.

吕思勉 . 中国文化小史 [M]. 北京：中国致公出版社 , 2018.

马凯硕 . 中国的选择——中美博弈与战略抉择 [M]. 北京：中信出版社 , 2021.

马克思 , 恩格斯 . 共产党宣言 (校注本)[M]. 陈望道 , 等译 . 北京：中央编译出版社 , 2021.

马克思 . 关于费尔巴哈的提纲 [M]// 马克思 , 恩格斯 . 马克思恩格斯全集 (第三卷). 北京：
　　人民出版社 , 1960.

马克思 . 资本论 [M]. 郭大力 , 等译 . 上海：上海三联书店 , 2013.

麦克纳马拉 . 回顾越战的悲剧与教训 [M]. 陈丕西 , 译 . 北京：作家出版社 , 1996.

毛泽东 . 毛泽东外交文选 [M]. 北京：中央文献出版社 , 1994.

茆诗珍 , 徐飞 . 留美幼童对近代中国的历史影响初析 [J]. 安徽史学 , 2005(1):54-57.

茅海建 . 天朝的崩溃：鸦片战争再研究 [M]. 北京：生活·读书·新知三联书店 , 1998.

孟德斯鸠 . 论法的精神 [M]. 申林 , 译 . 北京：北京出版社 , 2015.

孟子 [M]. 万丽华 , 蓝旭 , 译注 . 北京：中华书局 , 2006.

聂志红 . 民国时期的工业化思想 [M]. 济南：山东人民出版社 , 2009.

牛军 . 冷战与新中国外交的缘起 [M]. 北京：社会科学文献出版社 , 2013.

欧阳莹之 . 龙与鹰的帝国：秦汉与罗马的兴衰怎样影响了今天的世界 [M]. 北京：中华书局 ,
　　2016.

皮尔逊 , 巴亚斯里安 . 国际政治经济学：全球体系中的冲突与合作 [M]. 杨毅 , 等译 . 北京：
　　北京大学出版社 , 2006.

皮尔逊 . 福利制度的新政治学 [M]. 汪淳波 , 译 . 北京：商务印书馆 , 2004.

戚其章 . 甲午战争史 [M]. 上海：上海人民出版社 , 2014.

钱钢 , 胡劲草 . 留美幼童——中国最早的官派留学生 [M]. 上海：文汇出版社 , 2004.

钱穆 . 国史大纲（修订本）[M]. 北京：商务印书馆 , 1996 年 .

钱穆 . 国史大纲 [M]. 北京：商务印书馆 , 2015.

钱穆 . 国史新论 [M]. 北京：生活·读书·新知三联书店 , 2001.

钱穆 . 中国历代政治得失 [M]. 北京：九州出版社 , 2014.

钱穆 . 中国历史精神 [M]. 贵阳：贵州人民出版社 , 2019.

钱其琛 . 外交十记 [M]. 北京：世界知识出版社 , 2003.

裘锡圭 . 文字学概要 (修订本)[M]. 北京：商务印书馆 , 2013.

瞿亮 , 刘豫杰 . 攘夷思想与明治维新前后日本的国家意识 [J]. 世界历史 , 2019(4):121-135.

沙希利·浦洛基 . 大国的崩溃：苏联解体的台前幕后 [M]. 宋虹 , 译 . 成都：四川人民出版社 ,
　　2017.

沈联涛 . 十年轮回：从亚洲到全球的金融危机 [M]. 上海：上海远东出版社 , 2015.

沈长云 . 华夏民族的起源与形成过程 [J]. 中国社会科学 , 1993(1):175-188.

沈志华 . 冷战国际史二十四讲 [M]. 北京 : 世界知识出版社 , 2018.

沈志华 . 冷战在亚洲——朝鲜战争与中国出兵朝鲜 [M]. 北京 : 九州出版社 , 2012.

施罗默·桑德 . 虚构的犹太民族 [M]. 王崇兴 , 等译 . 北京 : 中信出版社 , 2017.

司马迁 . 史记 [M]. 北京 : 中华书局 , 2006.

斯波义信 . 中国都市史 [M]. 布和 , 译 . 北京 : 北京大学出版社 , 2013.

斯蒂芬·哈格德 . 亚洲金融危机的政治经济学 [M]. 刘丰 , 译 . 长春 : 吉林出版集团有限责
    任公司 , 2009.

孙玉荣 . 古代中国国际法研究 [M]. 北京 : 中国政法大学出版社 , 1999.

汤一介 . 儒学十讲 [M]. 北京 : 北京出版社 , 2019.

汤用彤 . 魏晋玄学论稿 [M]. 上海 : 上海古籍出版社 , 2019.

汤重南 . 日本明治维新后的地税改革 [J]. 世界历史 , 1979(6):58-66.

唐家璇 . 劲风煦雨——唐家璇外交回忆录 [M]. 北京 : 世界知识出版社 , 2009.

唐启华 . 巴黎和会与中国外交 [M]. 北京 : 社会科学文献出版社 , 2014.

陶文钊 . 中美关系史 (第三卷)[M]. 上海 : 上海人民出版社 , 2016.

特拉维斯·黑尼斯三世 , 弗兰克·萨奈罗 . 鸦片战争——一个帝国的沉迷和另一个帝国的
    堕落 [M]. 周辉荣 , 译 . 北京 : 生活·读书·新知三联书店 , 2005.

田余庆 . 东晋门阀政治 [M]. 北京 : 北京大学出版社 , 2012.

托马斯·戴伊 , 哈蒙·齐格勒 , 路易斯·舒伯特 . 民主的反讽 : 美国精英政治是如何运作
    的 [M]. 林朝辉 , 译 . 北京 : 新华出版社 , 2016.

托马斯·R. 梅特卡夫 . 新编剑桥印度史 (第三卷)[M]. 李东云 , 译 . 昆明 : 云南人民出版社 ,
    2015.

托马斯·索威尔 . 美国种族简史 [M]. 沈宗美 , 译 . 北京 : 中信出版社 , 2015.

托尼·朱特 . 论欧洲 [M]. 王晨 , 译 . 北京 : 中信出版社 , 2014.

托尼·朱特 . 事实改变之后 [M]. 陶小路 , 译 . 北京 : 中信出版社 , 2018.

托尼·朱特 . 思虑 20 世纪 : 托尼·朱特思想自传 [M]. 苏光恩 , 译 . 北京 : 中信出版社 ,
    2016.

托尼·朱特 . 战后欧洲史 (卷二)[M]. 林骧华 , 等译 . 北京 : 中信出版社 , 2014.

托尼·朱特 . 战后欧洲史 (卷四)[M]. 林骧华 , 等译 . 北京 : 中信出版社 , 2014.

托尼·朱特 . 战后欧洲史 (卷一)[M]. 林骧华 , 等译 . 北京 : 中信出版社 , 2014.

汪波 , 许超 . 穆斯林难民危机对欧洲社会的影响 [J]. 阿拉伯世界研究 , 2017(3):60-74.

王缉思 . 高处不胜寒 [M]. 北京 : 世界知识出版社 , 1999.

王美涵 . 税收大辞典 [M]. 沈阳 : 辽宁人民出版社 , 1991.

王希 . 原则与妥协 : 美国宪法中的精神与实践 [M]. 北京 : 北京大学出版社 , 2014.

王元崇 . 中美相遇——大国外交与晚清兴衰 [M]. 上海 : 文汇出版社 , 2021.

威廉 . 哈佛中国史最后的中华帝国 : 大清 [M]. 李仁渊 , 等译 . 北京 : 中信出版社 , 2016.

威廉・J. 德沙 . 美苏空间争霸与美国利益 [M]. 李恩忠 , 等译 . 北京 : 国际文化出版公司 , 1988.

威廉・巴托尔德 . 中亚突厥史十二讲 [M]. 罗致平 , 译 . 北京 : 中国社会出版社 , 1984.

威廉・西尔伯 . 关闭华尔街 :1914 年金融危机和美元霸权的崛起 [M]. 刁琳琳 , 等译 . 北京 : 中信出版社 , 2018.

卫克安 . 哈布斯堡王朝 [M]. 李丹莉 , 等译 . 北京 : 中信出版社 , 2017.

温铁军 , 董筱丹 . 去依附 : 中国化解第一次经济危机的真实经验 [M]. 北京 : 东方出版社 , 2019.

温铁军 . 八次危机——中国的真实经验 [M]. 北京 : 东方出版社 , 2013.

文史哲编辑部 . 门阀、庄园与政治 : 中古社会变迁研究 [M]. 北京 : 商务印书馆 , 2011.

西川俊作 . 日本经济史 (第四卷)[M]. 杨宁一 , 译 . 北京 : 生活・读书・新知三联书店 , 1998.

习近平 . 习近平谈治国理政 (第二卷)[M]. 北京 : 外文出版社 , 2017.

习近平 . 习近平谈治国理政 (第三卷)[M]. 北京 : 外文出版社 , 2020.

习近平 . 习近平谈治国理政 (第四卷)[M]. 北京 : 外文出版社 , 2022.

习近平 . 习近平谈治国理政 (第一卷)[M]. 北京 : 外文出版社 , 2018.

肖河 , 潘蓉 . 大国竞争视角下的日美贸易冲突——对"广场协议叙事"的再审视 [J]. 日本学刊 , 2021(1):141.

小杰克・F. 马特洛克 . 苏联解体亲历记 [M]. 吴乃华 , 等译 . 北京 : 世界知识出版社 , 1996.

徐建生 . 民族工业发展史话 [M]. 北京 : 社会科学文献出版社 , 2011.

徐焰 . 解放后苏联援华的历史真相 [J]. 炎黄春秋 , 2008(2):30-34.

许涤新 . 中国资本主义发展史 [M]. 北京 : 人民出版社 , 2005.

许田波 . 战争、国家形成与公民权 : 春秋战国与近代早期欧洲比较 [J]. 世界经济与政治 , 2008(9):6-20.

许倬云 . 许倬云说美国 [M]. 上海 : 上海三联书店 , 2020.

薛静 . 重论"科玄论战" [J]. 传统文化与现代化 , 1999(2):11-21.

雅克・巴尔赞 . 从黎明到衰落 : 西方文化生活五百年 , 1500 年至今 [M]. 林华 , 译 . 北京 : 中信出版社 , 2013.

亚当・斯密 . 道德情操论 [M]. 蒋自强 , 等译 . 北京 : 商务印书馆 , 1997.

阎学通 . 大国领导力 [M]. 北京 : 中信出版社 , 2020.

阎学通 . 无序体系中的国际秩序 [J]. 国际政治科学 , 2016(1):1-32.

杨伯峻 . 春秋左传注 [M]. 北京 : 中华书局 , 2009.

杨奎松 . 毛泽东与两次台海危机 :50 年代中后期中国对美政策变动原因及趋向 [J]. 史学月

刊 , 2003(11).

杨晓杰 . 二战前美国对日本实行绥靖政策主要原因再思考 [J]. 探求 , 2009(3):25-31.

杨永俊 . 禅让政治研究 : 王莽禅汉及其心法传替 [M]. 北京 : 学苑出版社 , 2005.

于铁军 . 国际政治中的同盟理论 : 进展与争论 [J]. 欧洲 , 1999(5):14-25.

余英时 . 士与中国文化 [M]. 上海 : 上海人民出版社 , 1987.

约翰・洛克 . 政府论下部 [M]. 瞿菊农 , 等译 . 北京 : 商务印书馆 , 2018.

约瑟夫・斯蒂格利茨 . 美国真相——民众、政府和市场势力的失衡与再平衡 [M]. 刘斌 ,
    译 . 北京 : 机械工业出版社 , 2020.

张迪 . 优生学的伦理反思——人类遗传学的历史教训 [M]. 北京 : 中国社会科学出版社 ,
    2018.

张曙光 . 威慑理论——美国国际战略学的一个重要领域 [J]. 美国研究 , 1990(4).

张向荣 . 祥瑞 . 王莽和他的时代 [M]. 上海 : 上海人民出版社 , 2021.

张学明 . 中西神话 [M]. 北京 : 世界图书出版公司 , 2013.

赵昌平 . 开天辟地 : 中华创世神话考述 [M]. 上海 : 复旦大学出版社 , 2019.

赵林 . 西方宗教文化 [M]. 武汉 : 武汉大学出版社 , 2005.

赵汀阳 . 天下体系的一个简要表述 [J]. 世界经济与政治 2008(10):57-65.

赵汀阳 . 天下体系——世界制度哲学导论 [M]. 南京 : 江苏教育出版社 , 2005.

周方银 . 国际秩序的稳定性与变迁 [J]. 世界政治研究 , 2021(4).

周华平 . 意大利共产党衰亡的原因初探 [J]. 社会主义研究 , 2012(6):113-117.

周琪 , 沈鹏 . "占领华尔街" 运动再思考 [J]. 世界经济与政治 , 2012(9):73-92.

朱迪斯・本内特 , 沃伦・霍利斯特 . 欧洲中世纪史 [M]. 杨宁 , 等译 . 上海 : 上海社会科学
    院出版社 , 2007.

庄子・秋水 [M]. 孙通海 , 注 . 北京 : 中华书局 , 2007.

邹谠 . 美国在中国的失败 (1941—1950)[M]. 王宁 , 译 . 上海 : 上海人民出版社 , 2016.

左丘明 . 国语 [M]. 韦昭 , 注 . 上海 : 上海古籍出版社 , 2015.

左丘明 . 左传 [M]. 杜预 , 注 . 上海 : 上海古籍出版社 , 2016.

英文文献

AUGUSTIN P, SUBRAHMANYAM M G, TANG D Y, et al. Credit Default Swaps: A Survey [J].
    Foundations and Trends ® in Finance, 2014, 9(1-2): 15.

BECKLEY M. China's Century? Why America's Edge Will Endure[J]. International Security,
    2011/12, 36(3).

BIDDLE S, OELRICH I. Future Warfare in the Western Pacific[J].International Security, 2016

Summer, 41(1).

BREUER A, JOHNSTON A I. Memes, narratives and the emergent US–China security dilemma[J]. Cambridge Review of International Affairs, 2019, 32(4).

BURBANK J, COOPER F. Empires in World History: Power and the Politics of Difference[M]. Princeton, NJ: Princeton University Press, 2010.

CALLAHAN W. History, Identity, and Security: Producing and Consuming Nationalism in China[J]. Critical Asian Studies, 2006, 38(2).

CAMPBELL K M, RATNER E. How Beijing Defied American Expectations[J]. Foreign Affairs, 2018 March/April.

CHEN D. The Trump Administration's One-China Policy: Tilting toward Taiwan in an Era of U.S.-PRC Rivalry[J]. Asian Politics & Policy, 2019, 11(2).

CHRISTENSEN T J. The China Challenge: Shaping the Choices of a Rising Power[M]. New York: W.W. Norton & Company, 2015.

CHRISTENSEN T. A "Lost Chance" for What? Rethinking the Origins of the U.S.-PRC Confrontation[J].Journal of American-East Asian Relations, 1995 Fall (4).

COHEN W I. America's Response to China: A History of Sino-American Relations[M]. 6th edition. New York: Columbia University Press, 2019.

DI H. The Evolution of the People's Republic of China's Policy Toward the Offshore Islands (Quemoy, Matsu)[M]// COHEN W I, IRIYE A. The Great Powers in East Asia: 1953-60. New York: Columbia University Press, 1990.

FAIRBANK J K. The Chinese World Order: Traditional China's Foreign Relations[M]. Cambridge, MA: Harvard University Press, 1968.

FRIEDBERG A L. The Collapsing Triangle: U.S. and Soviet Policies toward China, 1969-1980[J]. Contemporary Strategy, 1983, 4(2).

FRIEDBERG A L. The Future of U.S.-China Relations Is Conflict Inevitable?[J].International Security, 2005, 30(2).

FRIEDBERG A. Ripe for Rivalry: Prospects for Peace in a Multipolar Asia?" [J]. International Security, 1993/1994, 18(3).

HARDING H. A Fragile Relationship: The United States and China since 1972[M]. Brookings County, South Dakota: Brookings, 1992.

HARDING H. Has US China Policy Failed[J]. The Washington Quarterly, 2015 Fall.

HOPEWELL K. When the Hegemon Goes Rogue: Leadership amid the US Assault on the Liberal Trading Order[J]. International Affairs, 2021(4): 1025-1043.

HURRI K. Rethinking climate leadership: Annex I countries' expectations for China's leadership role in the post-Paris UN climate negotiations[J]. Environmental Development, 2020, 35.

IKENBERRY G J. The Rise of China and the Future of the West: Can the Liberal System Survive[J]. Foreign Affairs, 2008.

JIAN C. The Myth of America's "Lost Chance" in China : A Chinese Perspective in Light of New Evidence [J]. Diplomatic History, 1997, 21(1).

JOHNSTON A I. Does Chinese Exceptionalism Undermine China's Foreign Policy Interests[M]// RUDOLPH J, SZONYI M. The China Questions. Cambridge, Mass.: Harvard University, 2017.

KISSINGER H. On China[M].London: The Penguin Press, 2011.

KISSINGER H. World Order[M]. London: Pengiun Books, 2015.

KRASNER S D. Organized Hypocrisy in Nineteenth-Century East Asia[J].International Relations of the Asia-Pacifi, 2001, 1(2).

KURLANTZICK J. Charm Offensive: How China's Soft Power is Transforming the World[M]. New Haven: Yale University Press, 2007.

LEVY J S. Power Transition Theory and the Rise of China[M]// ROSS R S, FENG Z. China's Ascent: Power, Security, and the Future of International Relations. Ithaca, NY: Cornell University Press, 2008.

MANN J. About Face: A History of Americas Curious Relationship with China, From Nixon to Clinton[M]. New York: Vintage, 1998.

MEARSCHEIMER J. The Gathering Storm: China's Challenge to U.S. Power in Asia[J]. The Chinese Journal of International Politics, 2010, 3.

MEISSNER D J. China's 1905 Anti-American Boycott: A Nationalist Myth?[J]. The Journal of American-East Asian Relations, 2001Fall-Winter, 10(3/4).

MURJI K, SOLOMOS J. Racialization: Studies In Theory And Practice[M]. Oxford: Oxford University Press, 2005.

RESTAD H. American exceptionalism: an idea that made a nation and remade the world[M]. London: Routledge, 2014.

ROSS R. Negotiating Cooperation: The United States and China, 1969-1989[M]. Stanford: Stanford University Press, 1997.

SETRIGHT L J K. Drive On! A Social History of the Motor Car[M]. London: Granta Books, 2004.

SHAMBAUGH D. Containment or Engagement of China? Calculating Beijing's Responses[J]. International Security, 1996 Autumn, 21(2).

SHAMBAUGH D. Sino-American Strategic Relations: From Partners to Competitors[J]. Survival, 2000 Spring, 42(1).

SUTTER R. US-China Relations: Perilous Past, Uncertain Present[M]. Washington D.C.: Rowman and Littlefield, 2018.

VANCE J D. Hillbilly Elegy[M]. New York: Harper Collins Publishers Inc., 2016.

WANG T. Isolating the Enemy, Diplomatic Strategy in China and the United States, 1953-1956[M]. New York: Columbia University Press, 2021.

YAN X T. From Keeping a Low Profile to Striving for Achievement[J]. Chinese Journal of International Politics, 2014, 7(2).